VEGAN
No-Bake
SWEETS

VEGAN No-Bake SWEETS

LECKERE KUCHEN, COOKIES, BROWNIES & MEHR

Christina Leopold

GRÜNDERIN VON ADDICTED TO DATES

CHRISTIAN

Verantwortlich: Susanne Caesar
Übersetzung: Helmut Ertl
Lektorat: Monika Judä, München
Satz: Akademischer Verlagsservice Gunnar Musan
Umschlagadaption: Regina Degenkolbe
Korrektorat: Asta Machat, München
Herstellung: Bettina Schippel
Printed in Slovakia by Neografia

Unser komplettes Programm finden Sie unter: www.christian-verlag.de

★ ★ ★ ★ ★

Sind Sie mit diesem Titel zufrieden? Dann würden wir uns über Ihre Weiterempfehlung freuen.
Erzählen Sie es im Freundeskreis, berichten Sie Ihrem Buchhändler oder bewerten Sie bei Onlinekauf.
Und wenn Sie Kritik, Korrekturen, Aktualisierungen haben, freuen wir uns über Ihre Nachricht an:
Christian Verlag GmbH, Postfach 40 02 09, D-80702 München oder per E-Mail an lektorat@verlagshaus.de

In diesem Buch wird aus Gründen der besseren Lesbarkeit das generische Maskulinum verwendet. Weibliche und anderweitige Geschlechteridentitäten sind dabei ausdrücklich mitgemeint, soweit es für die Aussage erforderlich ist.

Die Deutsche Nationalbibliothek verzeichnet diese Publikation in der Deutschen Nationalbibliografie; detaillierte bibliografische Daten sind im Internet über http://dnb.de abrufbar.

Die Originalausgabe mit dem Titel *No-bake Vegan Desserts* erschien erstmals 2020 bei Page Street Publishing Co, Salem (MA), USA

Dieses Werk wurde im Auftrag von Page Street Publishing Co. durch die Literarische Agentur Thomas Schlück GmbH, 30161 Hannover, vermittelt.

Fotografie: Christina Leopold
Autorenfoto auf Seite 153: MRN Photography

Umschlaggestaltung und Layout: Molly Gillespie (Page Street Publishing)

ISBN 978-3-95961-655-3

Das vorliegende Buch ist allen gewidmet, die geholfen haben, dieses Projekt Realität werden zu lassen, ob wir uns persönlich kennen oder uns online ausgetauscht haben. Es ist das Ergebnis Ihrer Unterstützung und Ihrer Anteilnahme.

Ich hoffe, das Buch wird Sie ebenso anregen, wie Sie mich angeregt haben, es zu schreiben.

Und danke an alle da draußen, die versuchen, in dieser Welt etwas zu verändern.

Inhalt

Einführung 9

KUCHEN UND TARTES 13

Schwarzwälder Kirschtorte 14

Erdbeertarte mit Vanille-Pannacotta 17

Apfeltarte mit Vanillecreme 18

Banoffee-Pie (Bananen-Karamell-Torte) 21

Schokoladentarte mit Earl Grey und Brombeer-Coulis 23

Cremige Pistazientarte 27

Latte-macchiato-Tarte mit Kürbisfüllung 28

Zitronen-Baiser-Tarte 31

Mojito-Tarte 33

KLASSIKER AUS DEM SÜSSWARENREGAL 37

Snickerz-Schokoriegel 38

Tvvix-Riegel 41

Jammy Wagon Wheels – Cremegefüllte »Wagenrad«-Kekse 42

Ferrawro-Trüffel 45

Jaffa-No-Bakes 46

Salzige Cashewbutter-Toffees mit Vanille 49

KÄSEKUCHEN 51

Kirsch-Käsekuchen 52

Käsekuchen mit weißer Schokolade und Passionsfrüchten 55

Käsetorte mit Erdnussbuttercreme und Himbeergelee 58

Käsekuchen mit Blaubeer- und Zitronencreme 61

Schoko-Keks-Käsekuchen 64

Käsetorte »Turkish Delight« mit Rosenwasser 67
Fruchtige Mango-Käsetorte 70

EISCREME 73

Salzkaramell-Schokoladen-Eis 74
Himbeer-Vanille-Eis 77
Vanilleeis mit Kamille 78
Honeycomb-Toffee-Eis 81
Pistazieneis 83
Beschwipstes Tiramisu-Eis 84
Erdbeer-Käsekuchen-Eis 87
Schoko-Kirsch-Eis 88
Blaubeer-Zimt-Eis 91
Schokoladen-Karamell-Eis am Stiel 92
Vanilleeis-Riegel im Keksteig 95

COOKIES UND BROWNIES 97

Erdnussbutterkekse 98
Macadamia-Pistazien-Plätzchen mit weißer Schokolade 101
Schokoladen-Cookies 102
Brownies mit zweierlei Schokolade 105
Weiße-Schokoladen-Blondies mit Erdbeeren 106

CUPCAKES UND DONUTS 109

Banoffee-Cupcakes 111
»No-Bakewell«-Kirschtörtchen 112
Donuts mit Salzkaramell 115
Donuts mit Zitronenglasur und Mohn 116
Kürbis-Donuts »Latte macchiato« 119

ERLESENE SCHOKOLADE 121

Helle Schokolade mit Cashews und Lucuma 122
Dunkle Schokolade mit Maca und Meersalz 125
Weiße Schokolade mit Vanille und Lucuma 126
Weiße Schokolade mit Pistazien 129

FESTLICHE ANLÄSSE 131

Pochierte Birnen mit Kamille, Vanille und Karamell 132
Tiramisu im Glas 135
Vanille-Karamell-Parfait mit salziger Karamellsauce 136
Crème brûlée mit Kardamom, Vanille und Clementinen 139

MUST-HAVES 141

Nussnugatcreme »Notella« 142
Salzige Cashewbutter mit Vanille 145
Erdbeerkonfitüre mit Vanille 146
Salziger Maca-Karamell 149
Cremiger Schokoaufstrich 150

Danksagung 152
Über die Autorin 153
Register 154

Einführung

WARUM NO-BAKE?

Stellen Sie sich vor, Sie könnten köstliche vegane Desserts zubereiten, mit minimalem Aufwand und maximalem Geschmack.

Hätten Sie mir vor ein paar Jahren gesagt, dass man Brownies aus nur drei Zutaten zaubern kann, die bereits in meiner Vorratskammer stehen, hätte ich Ihnen wohl nicht geglaubt. Schon gar nicht, wenn es sich um so einfache Zutaten wie Datteln, Nüsse und Kakaopulver handelt. No-Bake-Rezepte sind eine feine Sache, weil sie sich unglaublich leicht realisieren lassen. Sobald aber der Ofen ins Spiel kommt, wird das Backen zu einer regelrechten Wissenschaft. Exaktes Abmessen, präzises Timing und die richtige Temperatur entscheiden darüber, ob ein Rezept ein Erfolg oder ein Reinfall wird.

Ich wurde 2015 zur Veganerin, nachdem ich mich ausführlich mit den Branchen beschäftigt hatte, in denen Tiere verarbeitet und für Nahrungsmittel und Kleidung oder zu Unterhaltungs- und Forschungszwecken ausgebeutet werden. Ich wollte nicht länger Teil dieses Systems sein, daher war klar, dass ich einige Änderungen in meiner Lebensweise vornehmen musste, wenn ich meinen moralischen Ansprüchen gerecht werden wollte. Es ist zwar erst ein paar Jahre her, doch waren vegane Produkte im ländlichen Irland damals noch nicht so leicht zu bekommen wie heute. Ich war fasziniert, wie einfach sich köstliches »Gebäck« ganz ohne Ofen realisieren lässt. Es war Liebe auf den ersten Biss, und ich machte mich gleich begeistert daran, meine eigenen Rezepte zu entwickeln.

»No-Bake« ist mir quasi auf den Leib geschrieben, weil ich gern kreativ im Umgang mit Zutaten bin. Ich habe im gesamten Prozess der Zubereitung viel mehr Kontrolle über das Endergebnis. Die Möglichkeit, ein Rezept noch in der Entstehungsphase abzuändern, ein bisschen mehr trockene oder feuchte Zutaten hinzuzufügen, gibt No-Bake-Rezepten einen klaren Vorteil gegenüber dem Backen. Stimmen beim Backen die Proportionen der Zutaten nicht, so bemerkt man es in der Regel erst, wenn das Gebäck aus dem Ofen kommt – und dann ist es bereits zu spät, um noch irgendwelche rettenden Änderungen vorzunehmen.

Die Genussfreuden in diesem Buch sind ziemlich nahrhaft. Bei den meisten Rezepten spielen vollwertige Zutaten wie Datteln, Nüsse, Früchte und Samen eine tragende Rolle, daher fällt das Ergebnis zuweilen recht gehaltvoll und sättigend aus. Verstehen Sie mich nicht falsch, es bleiben Desserts, und da die meisten ohne raffinierten Zucker auskommen, sind sie eine lässliche Nascherei, die man sich gern mal gönnen darf. Bei der großen Mehrheit der Rezepte wird mit Datteln, Ahornsirup oder Kokoszucker gesüßt, einige verlangen nach veganer Schokolade. Wenn Sie den gewöhnlichen weißen Haushaltszucker meiden, dann empfehle ich Ihnen mein Rezept für helle Schokolade auf Seite 122, die mit Kokoszucker gesüßt wird.

Cremige Kokosmilch dient als Grundlage für zahlreiche Kuchen und Eiscremes, sie ist ein hervorragender Ersatz für herkömmliche Milchprodukte. Bei den meisten Rezepten wird sie zunächst gekühlt, damit sich der flüssige Teil von dem dicken Rahm trennt. Darum habe ich immer eine oder zwei Dosen auf Vorrat im Kühlschrank. Verwenden Sie grundsätzlich Kokosmilch der Vollfettstufe, die Sie über Nacht in den Kühlschrank stellen, sodass Sie am nächsten Tag nur noch den Rahm abschöpfen müssen.

Achten Sie bei Milch und Joghurt – natürlich auf Pflanzenbasis – auf das Etikett und wählen Sie möglichst zuckerfreie Produkte. Viele Zutaten werden, im Rohzustand oder nur minimal aufbereitet verwendet, eine gesunde Alternative zu herkömmlichen Süßigkeiten und Desserts – das nenne ich win-win!

Dieses Buch möchte Ihnen die Grundlagen für Ihre eigene kreative Reise in die pflanzliche Welt der süßen Genüsse vermitteln. Ganz gleich, ob Sie als langjähriger Veganer in der Küche kreativ werden oder Ihre Mitmenschen für die vegane Küche begeistern möchten, ob Sie einfach neugierig sind und mehr über pflanzliche Alternativen erfahren wollen oder ob Sie auf der Suche nach Rezepten sind, die Ihren persönlichen Ernährungsbedürfnissen gerecht werden – diese ebenso einfachen wie leckeren Süßspeisen werden auch die Gaumen der hartnäckigsten und skeptischsten »Fleischfresser« in Ihrer Verwandtschaft überzeugen. Die schönsten Geschichten stammen übrigens von Leuten, die meine Rezepte mit ihren nichtveganen Familien, Freunden oder Kollegen ausprobiert haben, was viel positive Resonanz und einen fruchtbaren Austausch über pflanzliche und vegane Ernährung ausgelöst hat.

Essen, so habe ich durch meine Arbeit als Rezeptentwicklerin festgestellt, ist eine wunderbare Möglichkeit, Menschen zusammenzubringen. Vor ein paar Jahren habe ich auf Instagram begonnen, Bilder von meinem vegetarischen Frühstück zu posten, in der Hoffnung, dass sie die Leute inspirieren. Dass daraus einmal eine riesige Community entstehen würde, konnte ich damals nicht ahnen. Für mich gibt es nichts Schöneres, als wenn jemand Freude an etwas hat, das ich kreiert habe, oder meine Rezepte ausprobiert. Bilder und Rezepte mit interessanten Menschen aus aller Welt zu teilen, Tipps, Ideen und Wertvorstellungen auszutauschen, sich gegenseitig anzuspornen, all das hat mich erst in die Lage versetzt, dieses Buch zu schreiben. Von den Freitagabenden und Wochenenden, die ich damit verbrachte, so viele Rezepte auszuhecken, wie mein Gefrierschrank nur fassen konnte, bevor es am Montagmorgen wieder ins Büro ging, bis hin zu der Tatsache, dass ich mich endlich voll und ganz auf das konzentrieren kann, was ich liebe, war es eine faszinierende Reise – und die ist noch lange nicht zu Ende!

Was für ein wunderbares Privileg, dass sich meine Rezepte hier in etwas »Handfestem« materialisieren, dass die Fotos auf Ihrem Bildschirm nun die Seiten dieses Buches schmücken!

Christina Leopold

Kuchen und Tartes

Von bewährten Klassikern wie der Cremigen Pistazientarte (siehe Seite 27) bis zur Neuinterpretation traditioneller Evergreens wie der Schwarzwälder Kirschtorte (siehe Seite 14) und der Zitronen-Baiser-Tarte (siehe Seite 31): Auf den folgenden Seiten finden Sie süßen Genuss für jede Jahreszeit und Stimmung.

Im Frühling und Sommer schlägt die Stunde für meine Erdbeertarte mit Vanille-Pannacotta (siehe Seite 17) oder meine belebende Mojito-Tarte (siehe Seite 33). Sie sind leicht, fruchtig und ein erfrischender Genuss in der wärmeren Jahreszeit. In den kalten Monaten lege ich Ihnen die Latte-macchiato-Tarte mit Kürbisfüllung (siehe Seite 28) oder die Apfeltarte mit Vanillecreme (siehe Seite 18) ans Herz, die mit herbstlichen und winterlichen Aromen für wohlige Wärme sorgen.

Die Schwarzwälder Kirschtorte und ich machten Bekanntschaft, noch bevor ich geboren wurde. Meine Mutter war damals mit mir im neunten Monat schwanger und wollte die Torte unserem Nachbarn (meinem inzwischen verstorbenen Patenonkel) bringen, als sie plötzlich ausrutschte und mit dem Bauch voran in die Torte fiel. Die Torte hat es nicht geschafft – ich schon. Ich hoffe, dass ihr heute, viele Jahre später, meine vegane Version gerecht wird!

Schwarzwälder Kirschtorte

Glutenfrei

Diese Torte gehört zu meinen absoluten Favoriten im Buch, sie bildet das Original mit ganz simplen Zutaten wie Früchten und Nüssen Schicht für Schicht nach – üppige Schokoböden, süße Kirschen und sahnige Kokoscreme, die einander perfekt ergänzen.

ERGIBT 1 TORTE MIT 15 CM Ø

BÖDEN

470 g Walnusskerne

½ TL rosa Himalaya-Salz

45 g Kakaopulver

16 Medjool-Datteln, entsteint

1 TL Kokosöl (im festen Zustand)

KIRSCHSAUCE

465 g entsteinte TK-Kirschen

80 ml Ahornsirup

180 ml Apfelsaft

2 ½ EL Maisstärke

KOKOSCREME

3 Dosen gekühlte Kokosmilch (à 400 ml; nur der dicke Rahm wird benötigt)

3 EL Ahornsirup

2 ½ TL Vanilleextrakt

GARNITUR

85 g dunkle vegane Schokolade, gerieben

6–10 frische Kirschen mit Stiel

Mit den Böden beginnen. Walnüsse, Salz und Kakaopulver im Mixer zu einer krümeligen Masse zermahlen. Die Datteln und das Kokosöl dazugeben und mixen, bis die Mischung homogen und von teigartiger Konsistenz ist. Die Masse in eine Schüssel geben, kurz durchkneten und in drei Portionen teilen. Diese jeweils zwischen zwei Lagen Backpapier etwa 1,25 cm dick ausrollen und mit einer runden Kuchenform (15 cm Ø) drei Böden ausstechen. Die Böden durch Backpapier getrennt auf einen Teller stapeln und für 1 Stunde in den Gefrierschrank stellen.

Inzwischen die Kirschsauce zubereiten. Dazu Kirschen, Ahornsirup und Apfelsaft in einem Topf vermengen und 20 Minuten köcheln lassen. Etwa 6 EL der Flüssigkeit abnehmen und in einer kleinen Schale mit der Stärke zu einer glatten Paste verrühren. Diese unter die Kirschsauce rühren und weitere 2 Minuten unter Rühren garen. Die Sauce 15 Minuten abkühlen lassen, anschließend für 1 Stunde kalt stellen.

Für die Creme den dicken Kokosrahm mit dem Ahornsirup und dem Vanilleextrakt in einer Schüssel mit dem elektrischen Handrührgerät glatt und cremig schlagen. Die Hälfte der Creme in einen großen Spritzbeutel mit offener Sterntülle füllen, mit einem Gummiband verschließen und für 1 Stunde in den Kühlschrank legen. Die restliche Creme in einer Frischhaltebox kalt stellen, sie wird später zum Garnieren der Torte verwendet.

Sobald alle Bestandteile gut durchgekühlt sind, die Torte auf einem Backblech oder einem mit Backpapier bedeckten Teller schichten. Den ersten Boden darauf platzieren und mit der Hälfte der Kirschsauce bedecken. Mit dem Spritzbeutel die Hälfte der Kokoscreme auftragen und den zweiten Boden auflegen. Die restliche Kirschsauce und die zweite Portion Kokoscreme ebenso auftragen, dann den dritten Boden auflegen.
Es empfiehlt sich, die Torte nun für 30 Minuten in den Gefrierschrank zu stellen, damit die Schichten etwas anziehen.

Die Torte aus dem Gefrierschrank nehmen und mit einem großen Brotmesser die Ränder glätten, falls sie ungleichmäßig sind. Die restliche Creme in den Spritzbeutel füllen, an den Rändern und auf der Oberfläche auftragen und mit einer Teigkarte oder einer Palette gleichmäßig verstreichen. Die Torte mit Cremerosetten, der geriebenen Schokolade und den frischen Kirschen garnieren und servieren.

Die Torte hält sich in einem fest verschlossenen Behälter im Kühlschrank bis zu 2 Tage.

Anmerkung

Wegen der frischen Kokoscreme sollte die Torte stets gekühlt werden.

Erdbeertarte mit Vanille-Pannacotta

No-Bake-Gebäck kann recht gehaltvoll und sättigend sein. Kokosmilch in Verbindung mit einem Geliermittel verleiht Süßspeisen dagegen einen leichteren Anstrich. Diese Tarte mit ihrer cremigen Füllung und der fruchtigen Erdbeerkonfitüre ist perfekt für den Sommer! Sie können natürlich zu gekaufter Konfitüre greifen, ich möchte Ihnen jedoch meine Erdbeerkonfitüre mit Vanille (siehe Seite 146) ans Herz legen – sie katapultiert diese Tarte in ungeahnte Höhen!

ERGIBT 1 TARTE MIT 23 CM Ø

BODEN

180 g Cashewkerne

150 g Haferflocken (glutenfrei, falls gewünscht)

½ TL rosa Himalaya-Salz

2 EL Ahornsirup

3 EL *coconut cream* (Kokoscreme) oder Kokosbutter

Erdbeerkonfitüre mit Vanille (siehe Seite 146) oder Konfitüre aus dem Handel

CREMEFÜLLUNG

1 Vanilleschote

1 Dose Kokosmilch (400 ml), plus 1 Dose gekühlte Kokosmilch (400 ml; nur der dicke Rahm wird benötigt)

½ TL Vanilleextrakt

120 ml Ahornsirup

2 EL Maisstärke

1 TL Agar-Agar (siehe Anmerkung)

GARNITUR

150 g frische Erdbeeren mit Grün, halbiert

essbare Blüten (nach Belieben)

Anmerkung

Agar-Agar ist eine Art Gelatine auf Pflanzenbasis, die aus Rotalgen gewonnen wird. Sie ist ein geschmacksneutrales und sehr wirkungsvolles Geliermittel für Torten, Gelees und alle möglichen Süßspeisen.

Für den Boden Cashewkerne, Haferflocken und Salz im Mixer einige Minuten zu einer krümeligen Mischung zermahlen. Den Ahornsirup und die Kokoscreme dazugeben und erneut mixen, bis die Masse bindet und klebt, wenn man sie mit den Fingern zusammendrückt.

Den Boden einer Springform (23 Ø) mit Backpapier auslegen. Die Masse einfüllen, mit einem Gummispatel gleichmäßig verteilen und an Boden und Rand fest andrücken (der Rand sollte etwa 5 cm hoch sein). Eventuell mit dem Boden eines geeigneten Glases nachhelfen, damit der Teigboden möglichst kompakt und fest wird.

Ein wenig Erdbeerkonfitüre auf den Tarteboden löffeln, zu einer 6–7 mm dicken Schicht verstreichen und in den Gefrierschrank stellen; währenddessen die Füllung vorbereiten.

Für die Cremefüllung die Vanilleschote der Länge nach halbieren und aus einer Hälfte mit dem Messer das Mark herausschaben (die andere Schotenhälfte anderweitig verwenden). Das Mark samt der Schotenhälfte, der Kokosmilch und dem dicken Kokosrahm in einen Topf geben und leicht zum Sieden bringen. Sorgfältig den Vanilleextrakt und den Ahornsirup unterrühren.

In einer kleinen Schüssel die Maisstärke mit dem Agar-Agar vermengen. Etwa 120 ml der heißen Kokosmilch dazugießen und zu einer homogenen Masse verschlagen. Die Masse in die verbliebene Kokosmilch rühren, bei hoher Temperatur aufkochen und dann unter ständigem Schlagen bei mittlerer Temperatur 2 Minuten köcheln lassen. Die Creme durch ein feines Sieb in eine saubere Schüssel passieren.

Die Creme in den Tarteboden einfüllen, 5 Minuten abkühlen lassen und anschließend für mindestens 4 Stunden in den Kühlschrank stellen, bis sie fest ist. Sobald sich die Füllung verfestigt hat, die Tarte mit einem scharfen Messer vorsichtig vom Rand und dann ganz aus der Form lösen.

Die Tarte mit den frischen Erdbeeren und nach Belieben mit essbaren Blüten garnieren und servieren.

Die Tarte kann man in einem fest verschlossenen Behälter im Kühlschrank bis zu 5 Tage aufbewahren oder einfrieren.

Apfeltarte mit Vanillecreme

Säuerliche Äpfel, zarte Vanillecreme und würziger Zimt – ein Trio, das nach Gemütlichkeit schmeckt. Diese backfreie Variante ist dazu noch viel gesünder als die mit Zucker und Milch überfrachtete Version, mit der ich groß geworden bin. Der Boden besteht aus Haferflocken, wird mit einer leichten Puddingcreme gefüllt und mit säuerlich-frischen Äpfeln belegt, die mangels Hitze knackig bleiben und sich nicht verfärben.

ERGIBT 1 TARTE MIT ETWA 20 CM Ø

BODEN

85 g gerösteter Buchweizen oder roher Buchweizen, nach der Anleitung auf Seite 21 geröstet

100 g Haferflocken (glutenfrei, falls gewünscht)

50 g Kokoszucker, plus mehr zum Bestreuen

1 TL gemahlener Zimt

½ TL rosa Himalaya-Salz

3 EL Mandelbutter

1½ EL Kokosöl (im festen Zustand)

APFELBELAG

Saft von 2 Zitronen

2 EL feiner Zucker

4 Äpfel (vorzugsweise Gala oder Pink Lady)

CREMEFÜLLUNG

480 ml Vanille-Sojamilch (ersatzweise reine Soja-, Hafer- oder Kokosmilch)

60 ml Ahornsirup

1 Vanilleschote

1 TL Agar-Agar

1 EL (8 g) Pfeilwurzmehl

Für den Boden Buchweizen, Haferflocken, Kokoszucker, Zimt und Salz im Mixer fein zermahlen. Die Mandelbutter und das Kokosöl dazugeben und erneut mixen, bis die Masse bindet und von teigartiger Konsistenz ist.

Den herausnehmbaren Boden einer Tarteform (etwa 20 cm Ø) mit Backpapier auslegen. Die Masse einfüllen, gleichmäßig verteilen und einen kleinen Rand formen. Mit einem Gummispatel oder einem geeigneten Glas fest in die Form pressen, bis der Boden und der Rand glatt und kompakt sind. In den Gefrierschrank stellen; währenddessen den Belag und die Füllung vorbereiten.

Für den Apfelbelag den Zitronensaft mit 120 ml Wasser und dem Zucker in einem Topf vermengen, bei mittlerer Temperatur zum Kochen bringen und den Zucker unter Rühren auflösen. Die Mischung in eine Schüssel gießen.

Die Äpfel halbieren, entkernen und in gleichmäßig dünne Scheiben schneiden (dazu am besten einen Gemüsehobel verwenden). Die Scheiben sofort in dem Zitronensirup wenden, damit sie nicht braun werden, und 5 Minuten darin ziehen lassen. Anschließend herausheben und auf einem sauberen Küchentuch abtropfen lassen.

Für die Cremefüllung die Vanille-Sojamilch und den Ahornsirup in einem Topf leicht zum Kochen bringen. Die Vanilleschote längs halbieren, das Mark mit einem Messer herausschaben und das Mark samt Schote in die gesüßte Sojamilch geben.

In einer weiteren Schüssel Agar-Agar und Pfeilwurzmehl mit 4 EL der Vanillemilch sorgfältig verrühren. Unter die restliche Flüssigkeit mischen und weitere 5 Minuten unter Rühren köcheln lassen. Dann durch ein feines Sieb passieren; die Vanilleschote wegwerfen.

Die Creme in den Tarteboden einfüllen, anschließend dekorativ mit den Apfelscheiben belegen. Die Tarte für mindestens 4 Stunden in den Kühlschrank stellen, bis die Füllung gestockt ist.

Die Tarte vor dem Servieren mit weiterem Kokoszucker bestreuen.
Sie hält sich in einem fest verschlossenen Behälter im Kühlschrank bis zu 3 Tage.

Banoffee-Pie (Bananen-Karamell-Torte)

Diese backfreie Interpretation der traditionellen Banoffee-Pie schmeckt genauso gut wie das englische Original und trifft den Nerv selbst der anspruchsvollsten Banoffee-Fans. Sie besteht aus einem Haferflockenboden, einer cremigen Füllung und einem sämigen Dattelkaramell obenauf. Getoppt wird sie dann mit frischen Bananen, Kokoscreme, Karamellsauce und Schokosplittern. Eine Kombination, die diese Pie nicht nur unwiderstehlich, sondern auch zum Kinderspiel macht, weil man nicht einmal den Ofen einschalten muss!

ERGIBT 1 PIE MIT 23 CM Ø

BODEN

170 g gerösteter Buchweizen oder roher Buchweizen, nach der Anleitung rechts geröstet

200 g Haferflocken (glutenfrei, falls gewünscht)

½ TL rosa Himalaya-Salz

4 EL Kokosöl (im festen Zustand)

3 EL Ahornsirup

¼ TL frisch geriebene Muskatnuss

CREMEFÜLLUNG

220 g Cashewkerne (Trockengewicht)

2 große reife Bananen

240 ml Vanille-Sojamilch (oder reine Sojamilch)

1 TL Vanilleextrakt

1 EL Kokosöl (im festen Zustand)

½ TL gemahlener Zimt

2 EL Ahornsirup

KARAMELL

9 Medjool-Datteln, entsteint

130 g Erdnussbutter

165 ml Ahornsirup

1 TL rosa Himalaya-Salz

Rechtzeitig die Cashewkerne für die Füllung vorbereiten. Dazu die Nüsse mindestens 4 Stunden in kaltem Wasser einweichen, kalt abbrausen und abtropfen lassen. Oder mit kochendem Wasser bedecken und 1 Stunde einweichen.

Roher Buchweizen muss zunächst geröstet werden. Dazu den Buchweizen portionsweise in einer Pfanne bei mittlerer Temperatur 4–5 Minuten erhitzen, bis er braun zu werden beginnt. Regelmäßig durchschwenken, damit er gleichmäßig Farbe annimmt. Vor der weiteren Verwendung abkühlen lassen.

Für den Boden Buchweizen, Haferflocken und Salz im Mixer zermahlen, bis die Mischung von krümeliger Konsistenz ist. Das Kokosöl, den Ahornsirup und den Muskat dazugeben und erneut mixen, bis sich die Zutaten zu einer klebrigen, teigartigen Masse verbunden haben.

Den herausnehmbaren Boden einer Kuchen- oder Tarteform (23 cm Ø) mit Backpapier auslegen. Die Masse einfüllen, gleichmäßig verteilen und fest in die Form pressen (der Rand sollte etwa 6,5 cm hoch sein). Den Teigboden mit einem geeigneten Glas glätten, bis er ganz eben ist. Den Rand bei Bedarf an der oberen Kante mit einem Messer begradigen. Den Boden in den Gefrierschrank stellen und währenddessen die restlichen Bestandteile der Pie vorbereiten.

Für die Cremefüllung die geschälten Bananen mit allen übrigen Zutaten in einem leistungsstarken Standmixer verarbeiten, bis die Masse ganz glatt, cremig und frei von Klümpchen ist. Die Masse auf den Tarteboden geben und die Form behutsam auf die Arbeitsfläche schlagen, um Lufteinschlüsse herauszuklopfen. Für 2 Stunden in den Gefrierschrank stellen.

Den Mixer säubern, die Zutaten für den Karamell hineingeben und alles zu einer glatten Paste zermahlen. Die Pie aus dem Gefrierschrank nehmen, den Karamell über die Pie löffeln und mit einem Spatel verstreichen. Anschließend für weitere 2 Stunden in den Gefrierschrank stellen, bis die Pie vollständig gefroren ist.

(Fortsetzung auf der nächsten Seite)

Banoffee-Pie (Fortsetzung)

TOPPING

2 große Bananen

Saft von ½ Zitrone oder 1 Limette

KOKOSCREME

1 Dose gekühlte Kokosmilch (400 ml; nur der dicke Rahm wird benötigt)

½ TL Vanilleextrakt

1 TL Ahornsirup

SAUCE

2 EL Erdnussbutter

4 EL Ahornsirup

GARNITUR

dunkle vegane Schokoladensplitter (nach Belieben)

Die Pie im gefrorenen Zustand aus der Form lösen. Die Bananen in Scheiben schneiden und in dem Zitronensaft wenden, damit sie nicht braun werden. Anschließend auf einer Lage Küchenpapier abtropfen lassen. Die Bananen rosettenartig auf der Pie arrangieren, bis sie vollständig bedeckt ist.

Für die Kokoscreme den dicken Kokosrahm, den Vanilleextrakt und den Ahornsirup in einer Schüssel mit dem elektrischen Handrührgerät steif schlagen, bis die Masse weiche Spitzen zieht. Die Creme in einen Spritzbeutel mit offener Sterntülle füllen und die Pie mit einigen Cremerosetten verzieren.

Zuletzt die Sauce zubereiten. Dazu die Erdnussbutter und den Ahornsirup in einer Schüssel glatt rühren und kreuz und quer über die Pie träufeln. Nach Belieben mit Schokoladensplittern bestreuen und servieren.

Die Pie hält sich in einem fest verschlossenen Behälter im Kühlschrank einige Tage. Man kann sie auch einfrieren und je nach Bedarf wieder auftauen.

Schokoladentarte mit Earl Grey und Brombeer-Coulis

Glutenfrei

Diese köstliche Schokoladentarte ist denkbar einfach zuzubereiten. Ich bringe bei Süßspeisen gern Tee ins Spiel, das verleiht ihnen geschmacklich eine zusätzliche Facette und Raffinesse. Die blumige Note des Earl Grey harmoniert perfekt mit der dunklen Schokolade, und die säuerliche Brombeer-Coulis setzt einen frischen Akzent gegen die Süße – ein perfekt ausbalanciertes Geschmackserlebnis.

ERGIBT 1 TARTE MIT 23 CM Ø

BODEN

55 g gerösteter Buchweizen oder roher Buchweizen, nach der Anleitung auf Seite 21 geröstet

145 g Cashewkerne

80 g Walnusskerne

¼ TL rosa Himalaya-Salz

3 Medjool-Datteln, entsteint

1 EL Kokosöl (im festen Zustand)

1 EL Ahornsirup

3 EL Kakaopulver

CREMEFÜLLUNG

2 Dosen gekühlte Kokosmilch (à 400 ml; nur der dicke Rahm wird benötigt)

6 Earl-Grey-Teebeutel

80 ml Ahornsirup

1 TL Vanilleextrakt

¼ TL rosa Himalaya-Salz

100 g hochwertige Bitterschokolade (milchfrei)

Für den Boden den Buchweizen im Mixer einige Minuten grob zermahlen. Die Cashewkerne, die Walnüsse und das Salz dazugeben und 1 weitere Minute mixen, bis die Mischung von krümeliger Konsistenz ist. Datteln, Kokosöl, Ahornsirup und Kakaopulver hinzufügen und erneut mixen, bis sich die Zutaten zu einer klebrigen, teigartigen Masse verbunden haben.

Den Boden einer Springform (23 cm Ø) mit Backpapier auslegen. Die Masse einfüllen, gleichmäßig verteilen und einen etwa 5 cm hohen Rand formen. Mit einem Gummispatel oder einem geeigneten Glas fest in die Form pressen. In den Gefrierschrank stellen und währenddessen die Füllung vorbereiten.

Für die Cremefüllung den dicken Kokosrahm mit den Teebeuteln in einem Topf bei mittlerer Temperatur zum Kochen bringen. Etwa 5 Minuten leise köcheln lassen, anschließend die Teebeutel wieder herausnehmen. Sorgfältig den Ahornsirup, den Vanilleextrakt und das Salz unterrühren.

Den Topf vom Herd nehmen, die Schokolade dazugeben und kurz weich werden lassen, bis sie fast geschmolzen ist. Anschließend vollständig glatt rühren.

Den Tarteboden aus dem Gefrierschrank nehmen und die Füllung eingießen. Die Form einige Male sanft auf die Arbeitsfläche schlagen, um eingeschlossene Luftbläschen zu entfernen.

(Fortsetzung auf der nächsten Seite)

Schokoladentarte mit Earl Grey und Brombeer-Coulis (Fortsetzung)

BROMBEER-COULIS
215 g TK-Brombeeren
3 EL Kokoszucker
120 ml Orangen- oder Apfelsaft

GARNITUR
etwa 150 g frische Brombeeren
frische Minze

Die gefüllte Tarte etwa 20 Minuten abkühlen lassen, dann für mindestens 4 Stunden in den Kühlschrank stellen, bis die Füllung fest ist.

Inzwischen für die Coulis die Brombeeren, den Kokoszucker und den Orangen- oder Apfelsaft in einem Topf mit dickem Boden verrühren, den Deckel auflegen und bei hoher Temperatur zum Kochen bringen. Dann den Deckel abnehmen, die Temperatur etwas reduzieren und die Mischung 10–20 Minuten köcheln lassen, bis sie auf die Hälfte eingekocht ist.

Die Coulis durch ein feines Sieb passieren und 20 Minuten abkühlen lassen, bis sie von sirupartiger Konsistenz ist.

Die Tarte aus dem Kühlschrank nehmen, mit einem Messer rundherum vorsichtig vom Rand und dann ganz aus der Form herauslösen. Mit den frischen Brombeeren und etwas Minze garnieren und vor dem Servieren mit der Brombeer-Coulis beträufeln.

Die Tarte hält sich in einem fest verschlossenen Behälter im Kühlschrank mehrere Tage, sie lässt sich auch einfrieren und je nach Bedarf wieder auftauen.

DARTINGTON

Cremige Pistazientarte

Diese cremegefüllte Tarte ist mittlerweile zu einem Markenzeichen geworden. Die feinen Vanille- und Mandelnoten bringen den Geschmack der Pistazien besonders gut zur Geltung. Eine leichte, cremige Tarte, die förmlich auf der Zunge zergeht, und eine tolle Alternative zu Käsekuchen auf Cashewbasis bietet.

ERGIBT 1 TARTE MIT 23 CM Ø

BODEN

170 g gerösteter Buchweizen oder roher Buchweizen, nach der Anleitung auf Seite 21 geröstet

100 g Haferflocken (glutenfrei, falls gewünscht)

¼ TL rosa Himalaya-Salz

20 g Kakaopulver

6 Medjool-Datteln, entsteint

3 EL Kokosöl (im festen Zustand)

3 EL Ahornsirup

CREMEFÜLLUNG

185 g Pistazienkerne (Trockengewicht)

1 Dose gekühlte Kokosmilch (400 ml; nur der dicke Rahm wird benötigt)

120 g Vanille-Sojajoghurt (ersatzweise reiner Soja- oder Kokosjoghurt)

120 ml Ahornsirup

4 EL Kokosöl (im festen Zustand)

1 TL Mandelextrakt

½ TL Weizengras- oder Matcha-Pulver (japanischer Grüntee, zur Farbgebung; nach Belieben)

GARNITUR

30 g Pistazienkerne, gehackt

60 g Bitterschokolade (milchfrei), gehackt

1 TL gefriergetrocknete Erdbeeren oder Himbeeren

getrocknete Rosenblätter

Rechtzeitig die Pistazienkerne für die Füllung in einer großen Schüssel mit Wasser bedecken und 4 Stunden einweichen. Anschließend mit klarem Wasser abbrausen und, so gut es geht, die dünnen Häutchen entfernen. Sie sollten sich nach dem Wässern leicht abreiben lassen.

Für den Boden Buchweizen, Haferflocken, Salz und Kakaopulver im Mixer zu einer krümeligen Mischung zermahlen. Die Datteln, das Kokosöl und den Ahornsirup dazugeben und erneut mixen, bis sich die Zutaten zu einer klebrigen, teigartigen Masse verbunden haben.

Den Boden einer Springform (23 cm Ø) mit Backpapier auslegen. Die Masse hineingeben, gleichmäßig verteilen und einen etwa 5 cm hohen Rand formen. Den Boden und den Rand mit einem Gummispatel oder einem geeigneten Glas fest andrücken und glätten.

Den oberen Rand mit einem Messer begradigen, sodass er gleichmäßig wird. Die Form in den Gefrierschrank stellen und währenddessen die Füllung vorbereiten.

Für die Cremefüllung sämtliche Zutaten in einem leistungsstarken Standmixer verarbeiten, bis die Masse ganz glatt, cremig und frei von Klümpchen ist.

Die Creme in den Tarteboden einfüllen und die Form sanft auf die Arbeitsfläche schlagen, um Lufteinschlüsse zu entfernen. Mindestens für 6 Stunden oder über Nacht einfrieren.

Die Tarte im gefrorenen Zustand aus der Form lösen.

Die Tarte rundherum am äußeren Rand mit den Pistazien, der Schokolade, den Erdbeeren oder Himbeeren und einigen Rosenblättern garnieren und vor dem Servieren 40–60 Minuten auftauen lassen.

Die Pistazientarte hält sich in einem fest verschlossenen Behälter im Kühlschrank 4–5 Tage. Sie können sie auch portionsweise einfrieren und je nach Bedarf wieder auftauen.

Latte-macchiato-Tarte mit Kürbisfüllung

Pumpkin spice latte – ein veganer Latte macchiato mit Hafermilch und *pumpkin spice* (Kürbisgewürz) – zählt zu meinen Favoriten unter den herbstlichen Genüssen. Warme Gewürze, süßer, cremiger Milchschaum, Kürbis und Espresso: ein echter Seelenbalsam! Diese No-Bake-Tarte geht ganz einfach und vereint alle Elemente meiner geliebten *pumpkin spice latte* – ein süßer, mit Kaffee aromatisierter Boden, eine cremige Kürbis-Latte-Füllung und ein Topping aus zartschmelzender Kokoscreme.

ERGIBT 1 TARTE MIT ETWA 20 CM Ø

BODEN

100 g Haferflocken (glutenfrei, falls gewünscht)

75 g Cashewkerne

50 g Kokoszucker

1 EL lösliches Kaffeepulver

1 Prise rosa Himalaya-Salz

1 TL *pumpkin spice* (Kürbisgewürzmischung), selbst gemacht (siehe Seite 119) oder aus dem Handel

2 EL Kokosöl (im festen Zustand)

2 EL Mandelbutter

CREMEFÜLLUNG

120 g Kürbispüree

1 Dose Kokosmilch (400 ml)

120 ml Ahornsirup

2 TL Vanilleextrakt

1 EL Maisstärke

¾ TL Agar-Agar

TOPPING

1 Dose gekühlte Kokosmilch (400 ml; nur der dicke Rahm wird benötigt)

2 EL Ahornsirup

1 TL Vanilleextrakt

½ TL Mandelextrakt

GARNITUR

8 Pekannusskerne

Kokoszucker

Für den Boden Haferflocken, Cashewkerne, Kokoszucker, Kaffee, Salz und Kürbisgewürz im Mixer fein zermahlen. Das Kokosöl und die Mandelbutter dazugeben und erneut mixen, bis sich die Zutaten zu einer klebrigen, teigartigen Masse verbunden haben.

Den Boden einer Springform (etwa 20 cm Ø) mit Backpapier auslegen. Die Masse für den Teigboden gleichmäßig in der Form verteilen, einen kleinen Rand formen und mit einem Gummispatel oder einem geeigneten Glas fest hineinpressen, bis der Boden und der Rand kompakt und eben sind. Die Form in den Gefrierschrank stellen und währenddessen die Füllung vorbereiten.

Für die Cremefüllung in einem Topf das Kürbispüree, die Kokosmilch, den Ahornsirup und den Vanilleextrakt bei mittlerer Temperatur leicht zum Sieden bringen. In einer Schüssel die Maisstärke und den Agar-Agar mit 4 EL der heißen Mischung glatt rühren.

Den Stärkemix unter den Rest der Mischung rühren und 5 Minuten köcheln lassen, dabei ständig umrühren. Den Topf vom Herd nehmen, die Mischung 5–10 Minuten abkühlen lassen und anschließend in den Tarteboden einfüllen. Die Form sanft auf die Arbeitsfläche schlagen, um Lufteinschlüsse zu entfernen. Anschließend für mindestens 4 Stunden in den Kühlschrank stellen, bis die Füllung fest ist.

Inzwischen die Kokoscreme für das Topping vorbereiten. Dazu sämtliche Zutaten in einer großen Schüssel mit dem elektrischen Handrührgerät kräftig aufschlagen. Die Schüssel zugedeckt bis zur Verwendung in den Kühlschrank stellen.

Sobald die Füllung fest ist, die Tarte aus der Form lösen. Die Kokoscreme in einen Spritzbeutel mit offener Sterntülle füllen und die Tarte mit Rosetten verzieren – wie auf dem Bild zu sehen oder nach persönlichem Geschmack.

Die Tarte vor dem Servieren mit den Pekannüssen garnieren und mit Kokoszucker bestreuen.

Die Kürbistarte hält sich in einem fest verschlossenen Behälter im Kühlschrank 3–4 Tage. Sie können sie auch einfrieren.

Zitronen-Baiser-Tarte

Glutenfrei

Eine erfrischend spritzige Zitronencreme mit zarten karamellisierten Baiserhäubchen, dazu der passende Boden auf Kokosbasis. Diese Baisertarte aus dem Pflanzenreich kommt ganz ohne den Backofen aus und lässt sich ganz einfach mit einer Lötlampe bräunen, um ihr den appetitlich »röstigen« Look zu verleihen. Für das Baiser kommt mit Aquafaba ein pflanzliches Protein zum Einsatz, darum kann man es auch ungebacken bedenkenlos genießen, im Gegensatz zum klassischen Baiser aus Hühnereiweiß, das gegart werden muss.

ERGIBT 1 TARTE MIT 23 CM Ø

BODEN

170 g gerösteter Buchweizen oder roher Buchweizen, nach der Anleitung auf Seite 21 geröstet

½ TL rosa Himalaya-Salz

knapp 100 g Kokosraspel

6 Medjool-Datteln, entsteint

1 EL frischer Zitronensaft

1 EL Ahornsirup

1 EL Kokosöl (im festen Zustand)

Mandel- oder Kokosmehl zum Bestauben (bei Bedarf)

CREMEFÜLLUNG

1 Dose Kokosmilch (400 ml)

abgeriebene Schale und Saft von 2 unbehandelten Zitronen

½ TL gemahlene Kurkuma

120 ml Ahornsirup

1½ TL Agar-Agar

2 EL Maisstärke

Für den Boden den Buchweizen und das Salz im Mixer etwa 1 Minute zermahlen, bis die Mischung einigermaßen fein zerkleinert ist. Die Kokosraspel dazugeben und 1 weitere Minute mixen. Zuletzt Datteln, Zitronensaft, Ahornsirup und das Kokosöl einarbeiten, bis sich die Zutaten zu einer Art Teig verbunden haben.

Den Boden einer Springform (23 cm Ø) mit Backpapier auslegen. Die Masse gleichmäßig darauf verteilen, einen etwa 5 cm hohen Rand formen und den Teig mit einem Gummispatel oder einem geeigneten Glas fest in die Form pressen. Bei Bedarf den Boden mit etwas Mandel- oder Kokosmehl bestauben, damit er beim Einpassen nicht am Spatel oder Glas klebt. Die Form in den Gefrierschrank stellen und währenddessen die Füllung vorbereiten.

Für die Cremefüllung in einem Topf Kokosmilch, Zitronensaft und -schale, Kurkuma und Ahornsirup bei mittlerer Temperatur zum Kochen bringen und 5 Minuten köcheln lassen. Dann durch ein feines Sieb passieren, um die Zitronenschale wieder zu entfernen, und zurück in den Topf geben. Etwa 4 EL der Flüssigkeit abnehmen und in einer kleinen Schüssel mit dem Agar-Agar und der Maisstärke glatt rühren. Die Mischung wieder in den Topf zur restlichen Kokosmilchmischung geben, bei mittlerer bis hoher Temperatur zum Kochen bringen und unter ständigem Rühren etwa 5 Minuten garen.

Sobald die Creme eindickt, vom Herd nehmen, 5 Minuten abkühlen lassen und in den Tarteboden einfüllen. Die Form sanft auf die Arbeitsfläche schlagen, um eingeschlossene Luftbläschen zu entfernen. Die Tarte 10–15 Minuten abkühlen lassen und anschließend für mindestens 4 Stunden in den Kühlschrank stellen, bis die Füllung gestockt ist.

(Fortsetzung auf der nächsten Seite)

Zitronen-Baiser-Tarte (Fortsetzung)

BAISER

120 ml Aquafaba (die Flüssigkeit von Kichererbsen aus der Dose; siehe Anmerkung)

1 TL Weinstein

½ TL Vanilleextrakt

1 ¼ TL Agar-Agar

90 g feiner Zucker

Für das Baiser Aquafaba und Weinstein in einer großen Schüssel mit dem elektrischen Handrührgerät 8 Minuten aufschlagen. Den Vanilleextrakt dazugeben und weitere 2 Minuten schlagen. Die Masse wird steif wie fester Eischnee.

In einem Topf den Agar-Agar und den Zucker mit 80 ml Wasser vermengen und 4 Minuten aufkochen. Den Sirup vom Herd nehmen und langsam unter ständigem Schlagen in die Baisermasse gießen. Sobald er vollständig eingearbeitet ist, die Baisermasse in einen Spritzbeutel mit offener Sterntülle füllen und viele kleine Baiserhäubchen auf die Zitronentarte setzen, sodass sie vollständig bedeckt ist.

Die Baiserhäubchen 30 Minuten ruhen lassen und anschließend mit einer Lötlampe bräunen.

Die Zitronen-Baiser-Tarte schmeckt am besten frisch, hält sich jedoch in einem fest verschlossen Behälter im Kühlschrank einige Tage.

Anmerkung

Aquafaba ist das Kochwasser von Kichererbsen oder weißen Bohnen. Es hat ähnliche Eigenschaften wie Hühnereiweiß und lässt sich für die Zubereitung von veganen Baisers, Eiscremes, Marshmallows, Mousses und vielem mehr verwenden. Zur Verarbeitung einfach eine Dose Kichererbsen oder geschmacksneutrale Bohnen (zum Beispiel Cannellini-Bohnen) über Nacht in den Kühlschrank stellen, die gekühlte Flüssigkeit abseihen und nach Rezept verarbeiten.

Mojito-Tarte

Dies ist meine Interpretation eines beliebten Klassikers: der Key Lime Pie – eine amerikanische Pie aus Echten Limetten, die auf den Florida Keys wachsen. Die Füllung schmeckt wie ein erfrischender Cocktail. Sie ist nicht so süß und wird durch Limettenschale, frische Minze und Rumaroma perfekt ergänzt – ein essbarer Mojito, ganz ohne Nebenwirkungen!

ERGIBT 1 TARTE MIT 23 CM Ø

BODEN

150 g Haferflocken (glutenfrei, falls gewünscht)

50 g Kokosraspel

abgeriebene Schale von 1 unbehandelten Limette

¼ TL rosa Himalaya-Salz

1 TL Rumaroma oder brauner Rum

2 Medjool-Datteln, entsteint

2 EL Ahornsirup

2 EL Kokosöl (im festen Zustand)

Mandel- oder Kokosmehl zum Bestauben

CREMEFÜLLUNG

abgeriebene Schale von 4 unbehandelten Limetten

Saft von 3 Limetten

1 Dose Kokosmilch (400 ml, Vollfettstufe)

120 ml Ahornsirup

½ TL Rumaroma

1 TL Weizengras- oder Matcha-Pulver (japanischer Grüntee, zur Farbgebung; nach Belieben)

5 frische Minzeblätter

1 EL (8 g) Pfeilwurzmehl

1 TL Agar-Agar

Für den Boden Haferflocken, Kokosraspel, Limettenschale und Salz im Mixer fein zermahlen. Rumaroma oder Rum, Datteln, Ahornsirup und Kokosöl dazugeben und erneut mixen, bis alles gleichmäßig vermengt ist.

Den Boden einer Springform (23 cm Ø) mit Backpapier auslegen, die Masse gleichmäßig darauf verteilen und mit einem geeigneten Glas grob andrücken. Dann leicht mit Mandel- oder Kokosmehl bestauben, damit sie nicht klebt. Die Masse weiter mit dem Glas fest in die Form pressen und einpassen, sodass ein 4–5 cm hoher Rand entsteht. Anschließend in den Gefrierschrank stellen und währenddessen die Füllung vorbereiten.

Für die Cremefüllung in einem Topf Limettenschale und -saft sowie Kokosmilch, Ahornsirup, Rumaroma und das Weizengras- oder Matcha-Pulver vermengen und bei mittlerer Temperatur zum Kochen bringen. Die Minze hineingeben und 3 Minuten köcheln lassen, dann die Mischung durch ein feines Sieb passieren, um die Minze wieder zu entfernen. Die Flüssigkeit zurück in den Topf geben und erneut auf den Herd stellen.

Inzwischen in einer Schüssel das Pfeilwurzmehl, den Agar-Agar und etwa 4 EL der Limetten-Kokosmilch-Mischung zu einer Art Paste verschlagen. Zur restlichen Kokosmilchmischung in den Topf geben und unter ständigem Rühren zum Kochen bringen. Die Temperatur etwas reduzieren und die Füllung 2 Minuten köcheln lassen. Dabei gut umrühren, damit sie nicht ansetzt.

Die Füllung in den Tarteboden gießen und die Form sanft auf die Arbeitsfläche schlagen, um Luftbläschen zu entfernen. Die Tarte 10–15 Minuten abkühlen lassen und anschließend für mindestens 4 Stunden kalt stellen, bis die Füllung gestockt ist.

(Fortsetzung auf der nächsten Seite)

Mojito-Tarte (Fortsetzung)

CREMEROSETTEN

240 ml gekühlte Kokosmilch (Vollfettstufe, nur der dicke Rahm von einer 400-ml-Dose wird benötigt)

1 EL Ahornsirup

½ TL Vanilleextrakt

GARNITUR

unbehandelte Limetten, in Scheiben geschnitten

frische Minze

Kiwis, in Dreiecke geschnitten

Kokoszucker (nach Belieben)

Inzwischen die Creme für die Garnitur vorbereiten. Dazu in einer Schüssel den dicken Kokosrahm, den Ahornsirup und den Vanilleextrakt mit dem elektrischen Handrührgerät 3–5 Minuten aufschlagen, bis die Creme dick und glatt ist. Die Creme für 1 Stunde in den Kühlschrank stellen, damit sie etwas fester wird, anschließend in einen Spritzbeutel mit offener Sterntülle füllen.

Sobald die Füllung fest ist, die Tarte vorsichtig aus der Form lösen; den Rand rundherum mit einem Messer lösen, falls er klebt. Die Tarte mit Kokoscremerosetten verzieren und mit Limettenscheiben, Minze und Kiwistückchen garnieren. Vor dem Servieren nach Belieben mit etwas Kokoszucker bestreuen.

In einem fest verschlossenen Behälter hält sich die Mojito-Tarte im Kühlschrank 2–3 Tage.

Klassiker

aus dem Süßwarenregal

Ein Bild sagt mehr als tausend Worte, heißt es. Ich finde, ein Rezept sagt noch viel mehr. Süßigkeiten wecken Erinnerungen, sie können uns in eine bestimmte Zeit zurückversetzen. Momente aus unserer frühesten Kindheit leben durch Naschwerk und Süßes in der Erinnerung wieder auf – der Apfelkuchen oder der Schokoriegel, den wir als Kind genascht haben. Denke ich allerdings an die vielen Süßigkeiten zurück, die ich damals geliebt habe, so hatten sie eines gemeinsam: Sie waren alles andere als vegan!

Schwelgen wir in den guten alten Zeiten mit Neuauflagen unserer Evergreens. Mir neue Versionen für unsere Lieblingsnaschereien aus der Kindheit auszudenken, macht mir von allen Rezepten am meisten Freude. All die Bonbons und Riegel, die wir als Kinder geliebt haben, kehren zurück, ohne dass ein Tier zu Schaden kommt.

Auf den folgenden Seiten finden Sie alles, vom Snickerz-Schokoriegel (siehe Seite 38) über backfreie Jaffa Cakes (siehe Seite 46) bis zu gut imitierten Ferrawro-Trüffeln (siehe Seite 45). Da nichts davon gebacken werden muss, ist die Zubereitung denkbar einfach. Für die richtige Konsistenz und Textur sorgt nämlich der clevere Einsatz pflanzlicher Zutaten, der Ofen bleibt aus!

Ich runde meine Kreationen gern mit etwas Salz ab. In sehr geringen Mengen eingesetzt, unterstreicht es die süßen Noten und erweitert den Gesamteindruck um eine reizvolle Facette. Für die Rezepte in diesem Buch greife ich überwiegend zu feinem Himalaya-Salz, das verwende ich am liebsten. Sie können es durch ein Salz Ihrer Wahl ersetzen und auch die Dosis Ihrem persönlichen Geschmack anpassen; manche Salze haben einen höheren Natriumgehalt.

Diese Leckereien sind zum Teilen da. Sie sollten sie unbedingt unters Volk bringen, sei es in der Schule oder im Büro. Zeigen Sie der Welt, dass wir Veganer fürstlich zu naschen verstehen.

Snickerz-Schokoriegel

Glutenfrei

Süßer Karamell, salzige Erdnüsse und cremige Schokolade machen diese Schokoriegel zu einem meiner beliebtesten Naschwerke. Ich habe sie mal bei einem VegFest, einem Festival für veganes Essen, präsentiert, und die Leute waren schier verrückt danach. Zubereitet aus überwiegend vollwertigen pflanzlichen Zutaten, sind diese Riegel die ultimative sündlose Versuchung und völlig frei von Schuld und Tierquälerei.

ERGIBT 12 GROSSE ODER 24 KLEINE RIEGEL

BASIS

knapp 300 g rohe ungesalzene Erdnusskerne

¼ TL rosa Himalaya-Salz

10 Medjool-Datteln, entsteint

KARAMELLFÜLLUNG

10 Medjool-Datteln, entsteint (siehe Anmerkung)

120 ml Reismilch

260 g grobe Erdnussbutter

½ TL rosa Himalaya-Salz

1 TL Vanilleextrakt

145 g geröstete Erdnusskerne (nach Belieben auch gesalzen)

SCHOKOLADENÜBERZUG

etwa 250 g vegane Schokolade, wie die selbst gemachte Helle Schokolade mit Cashews und Lucuma (siehe Seite 122)

1 TL Kokosöl (im festen Zustand)

Für die Basis der Riegel die Erdnüsse im Mixer zu einer krümeligen Mischung zermahlen. Das Salz und die Datteln dazugeben und erneut einige Minuten mixen, bis sie vollständig eingearbeitet sind und sich die Zutaten zu einer klebrigen, teigähnlichen Masse verbunden haben.

Eine Backform (etwa 30 × 9 cm) oder ein anderes geeignetes Gefäß dieser Größe mit Backpapier auskleiden. Die Masse einfüllen, mit einem Gummispatel gleichmäßig verteilen und gut andrücken. In den Kühlschrank stellen und währenddessen die Karamellfüllung vorbereiten.

Für den Karamell die Datteln, die Reismilch, die Hälfte der Erdnussbutter (130 g) sowie Salz und Vanilleextrakt in einem leistungsstarken Standmixer verarbeiten, bis die Masse ganz glatt ist. Den Karamell in eine Schüssel umfüllen, die restliche Erdnussbutter (130 g) dazugeben und sorgfältig unterziehen. Den Karamell mit einem Spatel gleichmäßig auf der Riegelbasis verstreichen.

Die gerösteten Erdnüsse auf dem Karamell verstreuen und die Form für mindestens 4 Stunden oder über Nacht in den Gefrierschrank stellen.

Die gefrorene Riegelplatte aus der Form lösen und auf ein Brett legen.

Die Klinge eines Messers in heißes Wasser tauchen und die Platte in 12 große oder 24 kleine Riegel schneiden. Anschließend wieder in den Gefrierschrank stellen und währenddessen den Schokoladenüberzug vorbereiten.

Die Schokolade und das Kokosöl im heißen Wasserbad schmelzen; dazu eine hitzebeständige Schüssel auf einen Topf mit leicht siedendem Wasser setzen und die Zutaten darin unter Rühren zerlassen.

Die Riegel in die flüssige Schokolade tauchen und auf ein mit Backpapier bedecktes Kuchengitter setzen. Nach Belieben die Riegel ein zweites Mal eintauchen, wenn die Schicht dicker werden soll. Den Schokoladenüberzug trocknen lassen.

Die Schokoriegel in einem fest verschlossenen Behälter im Kühlschrank bis zu 1 Woche lagern oder direkt aus dem Gefrierschrank genießen.

Anmerkung

Datteln sind der Karamell der Natur. Sie sind nicht nur von Natur aus süß, sondern auch ein gutes Bindemittel für zahlreiche Süßspeisen und Kuchenböden. Wegen ihrer weichen Konsistenz und des vollen Karamellgeschmacks greife ich meist zu Medjool-Datteln. Probieren Sie ruhig auch andere Sorten aus. Sind die Datteln recht fest, kann man sie in warmem Wasser einweichen.

Tvvix-Riegel

Glutenfrei

Zartschmelzender Karamell und krümeliger Keks in einer Schokoladenhülle. Kein Trara mit dem Ofen, nichts muss gebacken werden, einfach nur Schicht für Schicht zusammenfügen und den Rest erledigt der Gefrierschrank! Für große Riegel verwende ich Silikonformen mit Platz für acht Riegel à 79 × 29 × 29 mm, für kleine eine Kastenform mit etwa 30 × 10 cm.

ERGIBT 8 GROSSE ODER 14 KLEINE RIEGEL

SCHOKOLADENÜBERZUG

200 g vegane Schokolade, wie die selbst gemachte Helle Schokolade mit Cashews und Lucuma (siehe Seite 122)

1 TL Kokosöl (im festen Zustand)

BASIS

125 g gerösteter Buchweizen, oder roher Buchweizen, nach der Anleitung auf Seite 21 geröstet

1 Prise rosa Himalaya-Salz

25 g gemahlene Mandeln oder Mandelmehl

1 EL Tahin (Sesammus)

2 TL Kokosöl (im festen Zustand)

1 EL Ahornsirup

KARAMELL

60 g helles Tahin (Sesammus)

etwa 100 ml Ahornsirup

½ TL rosa Himalaya-Salz

2 EL (18 g) Maca-Pulver (siehe Anmerkung)

1 EL Kokosöl, zerlassen

Anmerkung

Maca-Pulver wird aus den Knollen der Maca-Wurzeln gewonnen, es verleiht Süßspeisen ein wunderbares »Karamell«-Aroma und ist reich an Vitaminen und Mineralien.

Sie können eine Silikonform mit Platz für acht Riegel (à 79 × 29 × 29 mm) verwenden oder eine mit Backpapier ausgekleidete Kastenform von etwa 30 × 10 cm Größe. Bei Verwendung einer Silikonform die Schokolade und das Kokosöl für den Schokoladenüberzug im heißen Wasserbad schmelzen und jeweils eine dünne Schicht Schokolade in die acht Vertiefungen gießen. Für 10 Minuten in den Gefrierschrank stellen, bis sie sich verfestigt hat; die restliche Schokolade vorerst beiseitestellen. Bei Verwendung einer Kastenform entfällt dieser Schritt.

Für die Basis den Buchweizen mit dem Salz im Mixer mit der Impulstaste zu grobem Mehl zermahlen. Mandeln oder Mandelmehl, Tahin, Kokosöl und Ahornsirup dazugeben und einige Minuten mixen, bis sich die Zutaten zu einer teigartigen Masse verbunden haben. Die Masse auf die Silikonformen verteilen oder in einer mit Backpapier ausgekleideten Kastenform verstreichen. In den Gefrierschrank stellen und währenddessen die nächste Schicht vorbereiten.

Für den Karamell Tahin, Ahornsirup, Salz und Maca-Pulver in einer Schüssel gründlich vermengen. Das zerlassene Kokosöl dazugeben und die Masse ganz glatt rühren. Den Karamell auf die acht Formen verteilen oder auf die Basis in der Kastenform auftragen und mit einem Löffelrücken gleichmäßig verstreichen. Anschließend für mindestens 6 Stunden oder über Nacht einfrieren.

Die verbliebene Schokolade im heißen Wasserbad erneut schmelzen (bei Verwendung einer Kastenform werden die Schokolade und das Kokosöl erst jetzt im Wasserbad geschmolzen). Ein Kuchengitter vorbereiten, eine Lage Backpapier für die abtropfende Schokolade unterlegen. Die Riegel aus der Silikonform lösen beziehungsweise bei Verwendung einer Kastenform die Platte herauslösen und mit einem scharfen Messer in 14 kleine Riegel schneiden.

Die Riegel in die flüssige Schokolade tauchen, bis sie rundherum gut bedeckt sind, auf das Gitter setzen und etwa 30 Minuten aushärten lassen. Man kann sie auch in den Kühlschrank stellen, dann geht es schneller.

Die Tvvix-Riegel in einem fest verschlossenen Behälter im Kühlschrank bis zu 1 Woche aufbewahren oder einfrieren und direkt aus dem Gefrierschrank genießen.

Jammy Wagon Wheels – Cremegefüllte „Wagenrad"-Kekse

Als Kind habe ich diese Kekse geliebt, es gab sie überall zu kaufen. Der Geschmack von Marshmallows und Marmelade, eingebettet zwischen zwei Keksen und umhüllt von zarter Schokolade – was will man mehr? Diese Version kommt ganz ohne tierische Produkte wie Milch oder Gelatine aus.

ERGIBT 10 MITTELGROSSE DOPPELKEKSE

HIMBEERKONFITÜRE

190 g TK-Himbeeren, aufgetaut

2 EL Chiasamen

2 EL Ahornsirup

KEKSTEIG

200 g Haferflocken (glutenfrei, falls gewünscht)

½ TL rosa Himalaya-Salz

15 Medjool-Datteln, entsteint

3 EL Mandelbutter

CREMEFÜLLUNG

240 ml gekühlte Kokosmilch (nur der dicke Rahm von einer 400-ml-Dose wird benötigt)

2 EL Ahornsirup

1 TL Vanillepaste

SCHOKOLADENÜBERZUG

170 g vegane Schokolade, wie die selbst gemachte Helle Schokolade mit Cashews und Lucuma (siehe Seite 122)

1 EL Kokosöl (im festen Zustand)

Für die Konfitüre die Himbeeren in einem Topf bei mittlerer Temperatur erhitzen, bis sie zu zerfallen beginnen. Die Chiasamen und den Ahornsirup dazugeben und 5 Minuten garen. Vom Herd nehmen und abkühlen lassen.

Für die Kekse die Haferflocken und das Salz im Mixer zu feinem Mehl zermahlen. Die Datteln dazugeben und erneut mixen, bis eine krümelige Masse entstanden ist. Die Mandelbutter hinzufügen und 30 Sekunden einarbeiten. Die Masse in eine große Schüssel umfüllen und zu einem kompakten Kloß formen.

Die Keksmasse mit einer Teigrolle zwischen zwei Lagen Backpapier etwa 1,25 cm dick ausrollen. Mit einem runden Ausstecher Kekse von 6,5 cm Durchmesser ausstechen und auf ein mit Backpapier bedecktes Blech legen. Die Teigreste erneut ausrollen und weitere Kekse ausstechen, bis sämtlicher Teig verbraucht ist – es sollten insgesamt 20 Stück sein. In den Gefrierschrank stellen und währenddessen die Cremefüllung vorbereiten.

Für die Füllung den dicken Kokosrahm mit dem Ahornsirup und der Vanillepaste in einer Schüssel verschlagen und für 1 Stunde in den Kühlschrank stellen, bis die Creme fest und formbeständig ist.

Die »Wagenräder« zusammensetzen: Jeweils 1 kleinen Löffel der Kokoscreme auf die Hälfte der Haferkekse setzen und mit dem Löffelrücken ganz leicht verstreichen. Je 1 Teelöffel Himbeerkonfitüre daraufgeben und einen zweiten Keks daraufsetzen.

Die Doppelkekse kurz in den Gefrierschrank stellen und währenddessen im heißen Wasserbad die Schokolade und das Kokosöl schmelzen und glatt rühren.

Die Doppelkekse in die flüssige Schokolade tauchen, auf ein mit Backpapier bedecktes Blech setzen und für 10–15 Minuten in den Gefrierschrank stellen, bis die Schokolade ausgehärtet ist.

In einem fest verschlossenen Behälter im Kühlschrank halten sich die Kekse bis zu 5 Tage. Sie können sie auch einfrieren und je nach Bedarf wieder auftauen.

Ferrawro-Trüffel

Glutenfrei

Diese Trüffel habe ich früher für mein Leben gern genascht. Meine Version des alten Klassikers ersetzt die Milch und den Zucker durch gesündere Zutaten auf Pflanzenbasis. Für die Füllung kommt mein selbst gemachtes »Notella« zum Einsatz (Rezept siehe Seite 142), das dem cremigen Schmelz der Schoko-Haselnuss-Füllung des Originals in nichts nachsteht.

ERGIBT 12 TRÜFFEL

FÜLLUNG

1 Rezeptmenge Nussnugatcreme »Notella« (siehe Seite 142)

12 ganze gehäutete Haselnusskerne

ÜBERZUG

100 g vegane Schokolade, wie die selbst gemachte Helle Schokolade mit Cashews und Lucuma (siehe Seite 122)

120 g gehäutete Haselnusskerne

Für die Füllung die Nussnugatcreme nach der Anleitung auf Seite 142 zubereiten.

Verwenden Sie zum Formen der Trüffel eine Silikonform mit zwölf kugelförmigen Vertiefungen, deren Größe in etwa den bekannten Kugeln aus dem Handel entspricht. Die Vertiefungen vollständig mit der Nussnugatcreme füllen und jeweils 1 Haselnuss in die Mitte hineindrücken. Die Trüffel für mindestens 1 Stunde einfrieren, bis sie durch und durch fest sind.

Für den Überzug die Schokolade im heißen Wasserbad schmelzen und beiseitestellen. Die Haselnüsse im Mixer mit der Impulstaste in kleine Stücke zerhacken, dann in eine Schüssel umfüllen.

Die vollständig ausgehärteten Trüffel aus der Form lösen und auf ein mit Backpapier bedecktes Blech setzen. Die Schüssel mit der geschmolzenen Schokolade sowie die Schüssel mit den gehackten Haselnüssen bereitstellen.

Die Trüffel mithilfe einer Gabel oder Pralinengabel zuerst in die Schokolade tauchen und dann in den Haselnüssen wenden. Am besten einzeln, Trüffel für Trüffel, vorgehen und zügig arbeiten, da die Schokolade im Kontakt mit den gefrorenen Trüffeln schnell wieder fest wird!

Die Trüffel vor dem Servieren noch ein paar Minuten im Gefrierschrank aushärten lassen.

Die Ferrawro-Trüffel kann man in einem fest verschlossenen Behälter bis zu 1 Woche im Kühlschrank aufbewahren.

Jaffa-No-Bakes

Glutenfrei

Die echten Jaffa Cakes waren in meiner Kindheit in Irland ziemlich beliebt. Glücklicherweise lassen sie sich ganz leicht und ohne Ofen als vegane und glutenfreie Kopie realisieren. Das Gelee schmeckt übrigens auch solo lecker – wie schön, so können Sie die Reste vernaschen, während Sie die Kekse zusammensetzen!

ERGIBT 12 KEKSE

ORANGENGELEE

1 EL abgeriebene Schale von 1 unbehandelten Orange

240 ml frisch gepresster Orangensaft

4 EL Ahornsirup

1 ¼ TL Agar-Agar

BASIS

145 g Cashewkerne

130 g gemahlene Mandeln oder Mandelmehl

¼ TL rosa Himalaya-Salz

1 TL abgeriebene Schale von 1 unbehandelten Orange

1 EL Kokosöl (im festen Zustand)

Kokosöl oder Olivenöl zum Einfetten

SCHOKOLADENÜBERZUG

100 g dunkle vegane Schokolade

½ TL Kokosöl (im festen Zustand)

Für das Gelee Orangenschale, Orangensaft und Ahornsirup in einem Topf bei mittlerer Temperatur zum Kochen bringen. In einer Schüssel den Agar-Agar in 60 ml Wasser auflösen.

Den aufgelösten Agar-Agar in den Topf gießen, die Mischung bei hoher Temperatur unter ständigem Rühren aufkochen und dann bei niedriger bis mittlerer Temperatur 5 Minuten köcheln lassen. Vom Herd nehmen.

Boden und Ränder einer Kuchenform (etwa 20 × 10 cm) oder einer anderen geeigneten Form dieser Größe mit Backpapier auskleiden. Das Orangengelee einfüllen und 30 Minuten abkühlen lassen, bis es vollständig geliert ist.

Inzwischen für die Basis Cashewkerne, gemahlene Mandeln oder Mandelmehl, Salz und Orangenschale im Mixer zu Bröseln zermahlen. Das Kokosöl dazugeben und erneut mixen, bis sich die Zutaten zu einer teigartigen Masse verbunden haben.

Zwölf Vertiefungen eines Brötchenbackblechs (etwa 6 cm Ø) mit Kokos- oder Olivenöl einfetten. Eine Lage Backpapier in lange, schmale Streifen schneiden und jeweils zwei Streifen über Kreuz in die Vertiefungen einlegen – sie dienen später als kleine Henkel zum leichteren Herauslösen der fertigen Kekse.

Die Keksmasse gleichmäßig auf die Vertiefungen verteilen und fest hineinpressen – dies ist die Kekshälfte der Jaffa Cakes.

Mit einem runden Ausstecher (5 cm Ø) Kreise aus dem Orangengelee ausstechen und diese auf die Keksbasis setzen. Die Kekse mithilfe der Papierhenkel herauslösen und auf einem Kuchengitter platzieren (eine Lage Backpapier für die herabtropfende Schokolade darunterlegen).

Für den Überzug die Schokolade zusammen mit dem Kokosöl im heißen Wasserbad schmelzen und glatt rühren. Die flüssige Schokolade über die Kekse löffeln und mit den Zinken einer Gabel ein Kreuzmuster hineindrücken.

Die Jaffa-Kekse vor dem Servieren mindestens noch für 30 Minuten in den Kühlschrank stellen.

Die Jaffa-No-Bakes halten sich in einem fest verschlossenen Behälter im Kühlschrank 3–4 Tage. Sie können sie auch einfrieren und nach Bedarf wieder auftauen.

Salzige Cashewbutter-Toffees mit Vanille

Glutenfrei

Dies ist vermutlich das einfachste Rezept im ganzen Buch, dazu ist es einer meiner absoluten Favoriten! Die Toffees lassen sich aus nur wenigen Zutaten in noch weniger Minuten zubereiten und sogar einfrieren, sodass Sie immer einen Vorrat an süßem Naschwerk in Reserve haben! Probieren Sie sie mal in warmem Haferbrei – ein süßer, cremiger Genuss, der auf der Zunge zergeht.

ERGIBT 25–30 TOFFEES

TOFFEEMASSE

260 g Cashewbutter

180 ml Ahornsirup

3 EL Kokosöl (im festen Zustand)

1 TL Vanillepaste

½ TL Meersalz oder rosa Himalaya-Salz

GARNITUR

grobes Meersalz

Im Mixer sämtliche Zutaten einige Minuten verarbeiten, bis alles gleichmäßig vermengt und die Masse glatt und cremig ist. Ein Backblech (etwa 15 × 20 cm) oder ein anderes geeignetes Gefäß dieser Größe mit Backpapier auskleiden. Die Toffeemasse einfüllen und mit einem Gummispatel gleichmäßig verstreichen. Das Blech sanft auf die Arbeitsfläche schlagen, um Lufteinschlüsse herauszuklopfen.

Das Blech für 3 Stunden in den Gefrierschrank stellen, bis die Toffeemasse fest ist. Dann herausnehmen, die Masse mit grobem Meersalz bestreuen und aus dem Blech lösen.

Die Toffees in 25–30 Würfel schneiden und servieren.

Die Cashew-Butter-Toffees in einer Frischhaltebox einfrieren, sie halten sich mehrere Wochen.

Käsekuchen

Zeit, Ihrer Kreativität freien Lauf zu lassen! Hier erwarten Sie jede Menge raffinierte Geschmackskombinationen in Gestalt ebenso simpler wie ausgefallener Käsekuchen, ideal für Geburtstage und andere festliche Anlässe.

Das Kapitel hält so einiges an köstlichen Käsekuchen für Sie bereit, zum Beispiel mit weißer Schokolade und Passionsfrüchten (siehe Seite 55) oder eine Torte mit Erdnussbuttercreme und Himbeergelee (siehe Seite 58). Aber auch ein paar Leichtgewichte, bei denen Früchtefans auf ihre Kosten kommen, sind dabei, wie Käsekuchen mit Blaubeer- und Zitronencreme (siehe Seite 61) oder die Fruchtige Mango-Käsetorte (siehe Seite 70).

Alle No-Bake-Käsekuchen werden auf der Basis von Cashewkernen zubereitet, die für zarten Schmelz und einen leicht säuerlichen Geschmack sorgen. Dazu werden die Nüsse zunächst in Wasser eingeweicht – das erleichtert nicht nur dem Mixer die Arbeit, sondern macht die Masse auch extra cremig. Die Cashews einfach für 4 Stunden in kaltes Wasser legen und anschließend mit klarem Wasser abbrausen.

Top-Tipp

Um die Dinge zu beschleunigen, können Sie die Cashews auch mit kochendem Wasser übergießen, dann verkürzt sich die Einweichzeit auf 1 Stunde. Anschließend die Nüsse kurz abspülen.

Kirsch-Käsekuchen Glutenfrei

Dieser Kuchen ist der Traum eines jeden Kirschenfans. Der Mandelboden schmeckt nach Marzipan und ist die perfekte Basis für die fruchtige »Käsecreme« und die süßen Kirschen. Sie können für dieses Rezept frische dunkle Kirschen und Kirschsaft verwenden, tiefgefrorene Sauerkirschen sorgen jedoch für eine schönere Farbe, wie ich finde. Außerdem fällt der Saft beim Auftauen der Früchte quasi von selbst ab, Sie brauchen ihn also nicht extra zu kaufen!

ERGIBT 1 KUCHEN MIT 18 CM Ø

BODEN

145 g gemahlene Mandeln oder Mandelmehl

¼ TL rosa Himalaya-Salz

7 Medjool-Datteln, entsteint

1 TL Mandelextrakt

KIRSCH-KÄSECREME-FÜLLUNG

250 g Cashewkerne (Trockengewicht)

310 g entsteinte TK-Kirschen

1 Dose gekühlte Kokosmilch (400 ml; nur der dicke Rahm wird benötigt)

120 ml Ahornsirup

2 TL Vanilleextrakt

1 TL Mandelextrakt

70 g Kokosöl (im festen Zustand)

1 EL Cashewbutter

1 Prise rosa Himalaya-Salz

Rechtzeitig die Cashewkerne für die Füllung vorbereiten. Dazu die Nüsse mindestens 4 Stunden in Wasser einweichen, anschließend mit klarem Wasser abbrausen und abtropfen lassen. Oder die Nüsse mit kochendem Wasser übergießen und nur 1 Stunde weich werden lassen.

Zur selben Zeit sämtliche Kirschen für die Füllung und die Garnitur (zusammen 620 g) auftauen – am besten in einem feinen Sieb über einer Schüssel, um den abtropfenden Saft aufzufangen. Er wird für die Garnitur verwendet. Die Kirschen gut ausdrücken; gelangt zu viel Flüssigkeit in die Füllung, wird sie eventuell nicht richtig fest.

Für den Boden die gemahlenen Mandeln oder das Mandelmehl mit dem Salz im Mixer 1 Minute fein zermahlen. Die Datteln und den Mandelextrakt dazugeben und einige weitere Minuten mixen, bis sich die Zutaten allmählich zu einer teigartigen Masse verbinden.

Den Boden einer Springform (18 cm Ø) mit Backpapier auslegen. Die Mandelmasse einfüllen, gleichmäßig auf dem Boden verteilen und mit einem Gummispatel oder einem geeigneten Glas fest andrücken und glätten. In den Gefrierschrank stellen und währenddessen die Füllung vorbereiten.

Für die Füllung die eingeweichten Cashewkerne, die Hälfte der gut ausgedrückten Kirschen und alle anderen Zutaten in einem leistungsstarken Standmixer pürieren, bis die Masse ganz glatt und cremig ist. Den Kuchenboden aus dem Gefrierschrank nehmen, die Cashew-Kirsch-Creme einfüllen und die Form behutsam auf die Arbeitsfläche schlagen, um Luftbläschen zu entfernen. Für mindestens 6 Stunden oder über Nacht einfrieren.

(Fortsetzung auf der nächsten Seite)

Kirsch-Käsekuchen (Fortsetzung)

GARNITUR

120 ml Kirschsaft (beim Auftauen der Früchte angefallener Saft)

2 EL Ahornsirup

1 EL Maisstärke

310 g entsteinte TK-Kirschen

Für die Garnitur den Kirschsaft und den Ahornsirup in einem Topf verrühren und bei mittlerer Temperatur zum Kochen bringen. Vom heißen Kirschsaft 4 EL abnehmen, in eine Schüssel geben und die Maisstärke darin unter Rühren auflösen.

Die aufgelöste Stärke in die heiße Kirschmischung gießen und unter ständigem Rühren aufkochen. Die Temperatur etwas reduzieren und die Mischung 5 Minuten köcheln lassen. Regelmäßig umrühren, damit sie nicht ansetzt.

Den Topf vom Herd nehmen, die restlichen Kirschen einrühren und 10 Minuten abkühlen lassen. Den Käsekuchen im gefrorenen Zustand – dann klebt er nicht – aus der Form lösen und die Kirschen samt ihrer Sauce gleichmäßig darauf verteilen.

Den Kirsch-Käsekuchen vor dem Servieren 45–60 Minuten auftauen lassen.

Den Kuchen in einem fest verschlossenen Behälter im Kühlschrank lagern und innerhalb von 1–2 Tagen genießen. Reste können Sie auch einfrieren und je nach Bedarf wieder auftauen.

Käsekuchen mit weißer Schokolade und Passionsfrüchten

Glutenfrei

Bei diesem bildschönen Käsekuchen ergänzen sich eine Weiße-Schokoladen-Füllung und süße tropische Passionsfrüchte zu einer himmlischen Kombination. Kakaobutter übernimmt die Rolle der klassischen weißen Schokolade. Wählen Sie dafür qualitativ hochwertige, rohe Kakaobutter, da sie hier den Hauptakzent setzt.

ERGIBT 1 KUCHEN MIT 18 CM Ø

BODEN

145 g Cashewkerne

95 g gemahlene Mandeln oder Mandelmehl

¼ TL rosa Himalaya-Salz

5 Medjool-Datteln, entsteint

½ EL Kokosöl (im festen Zustand)

WEISSE-SCHOKOLADEN-FÜLLUNG

220 g Cashewkerne (Trockengewicht)

150 ml Ahornsirup

145 g Kakaobutter

360 g Vanille-Sojajoghurt (ersatzweise reiner Soja- oder Kokosjoghurt)

1 TL Vanillepaste

PASSIONSFRUCHTGELEE

8 Passionsfrüchte

80 ml Ahornsirup

½ TL Agar-Agar

Rechtzeitig die Cashewkerne für die Füllung vorbereiten. Dazu die Nüsse mindestens 4 Stunden in kaltem Wasser einweichen, anschließend mit klarem Wasser abbrausen und abtropfen lassen. Oder mit kochendem Wasser bedecken und nur 1 Stunde weich werden lassen.

Für den Boden Cashewkerne, gemahlene Mandeln oder Mandelmehl und Salz im Mixer 1 Minute fein zermahlen. Die Datteln und das Kokosöl dazugeben und einige weitere Minuten mixen, bis sich die Zutaten allmählich zu einer teigartigen Masse verbinden.

Den Boden einer Springform (18 cm Ø) mit Backpapier auslegen. Die Masse einfüllen, gleichmäßig verteilen und mit einem Gummispatel oder einem geeigneten Glas fest in die Form pressen und glätten. In den Gefrierschrank stellen und währenddessen die Füllung vorbereiten.

Für die Weiße-Schokoladen-Füllung die eingeweichten Cashewkerne mit den übrigen Zutaten in einem leistungsstarken Standmixer verarbeiten, bis die Masse ganz glatt und cremig ist. Den Kuchenboden aus dem Gefrierschrank nehmen, die Creme einfüllen und gleichmäßig verstreichen. Die Form sanft auf die Arbeitsfläche schlagen, um eingeschlossene Luftbläschen zu entfernen. Für mindestens 6 Stunden oder über Nacht in den Gefrierschrank stellen.

Für das Gelee die Passionsfrüchte halbieren, das Fruchtmark herauslöffeln und durch ein feines Sieb streichen, dabei den anfallenden Saft in einem Topf auffangen. Die im Sieb verbliebenen Kerne beiseitestellen. Den Saft mit dem Ahornsirup vermengen und bei mittlerer Temperatur zum Kochen bringen. Inzwischen den Agar-Agar in einer Schüssel mit 2 EL Wasser gründlich verrühren.

(Fortsetzung auf der nächsten Seite)

Käsekuchen mit weißer Schokolade und Passionsfrüchten (Fortsetzung)

Die Agar-Agar-Mischung zum heißen Passionsfruchtsaft in den Topf gießen und unter ständigem Rühren zum Kochen bringen. Die Temperatur ein wenig reduzieren und die Mischung 5 Minuten köcheln lassen. Regelmäßig umrühren, damit sie nicht ansetzt. Etwa die Hälfte der Passionsfruchtkerne dazugeben und sorgfältig unter das Gelee rühren.

Das Passionsfruchtgelee vom Herd nehmen, 5 Minuten abkühlen lassen und über den Käsekuchen in die Form gießen. Den Kuchen für 1 weitere Stunde in den Gefrierschrank stellen, bis das Gelee vollständig gestockt ist.

Den Käsekuchen im gefrorenen Zustand aus der Form lösen – dann klebt er nicht – und vor dem Servieren 45–60 Minuten auftauen lassen.

In einem fest verschlossenen Behälter im Kühlschrank hält sich der Kuchen 3–4 Tage.
Sie können ihn auch einfrieren und nach Bedarf wieder auftauen.

Käsetorte mit Erdnussbuttercreme und Himbeergelee

Cremige Erdnussbutterfüllung und fruchtiges Himbeergelee auf einem krümeligen Keksboden mit Erdnussbutter – diese Torte ist ein Knüller und das perfekte Highlight auf einer Party. Da sie aus mehreren Schichten besteht, empfiehlt es sich, sie am Vortag zuzubereiten und am nächsten Morgen aus dem Gefrierschrank zu nehmen, sodass nur noch ein paar dekorative Handgriffe zu erledigen sind.

ERGIBT 1 TORTE MIT 18 CM Ø

BODEN

85 g gerösteter Buchweizen oder roher Buchweizen, nach der Anleitung auf Seite 21 geröstet

150 g Haferflocken (glutenfrei, falls gewünscht)

½ TL rosa Himalaya-Salz

1½ EL Kokosöl (im festen Zustand)

65 g Erdnussbutter

45 ml Ahornsirup

ERDNUSSBUTTERFÜLLUNG

440 g Cashewkerne (Trockengewicht)

300 ml Ahornsirup

390 g Erdnussbutter

1 TL Vanillepaste

55 g Kokosöl (im festen Zustand)

120 g Sojajoghurt

120 ml gekühlte Kokosmilch (nur der dicke Rahm von einer 400-ml-Dose wird benötigt)

2 EL frischer Zitronensaft

1 Prise Salz

Rechtzeitig die Cashewkerne für die Füllung vorbereiten. Dazu die Nüsse mindestens 4 Stunden in kaltem Wasser einweichen, anschließend mit klarem Wasser abbrausen und abtropfen lassen. Oder mit kochendem Wasser bedecken und nur 1 Stunde weich werden lassen.

Für den Boden den Buchweizen im Mixer 1 Minute krümelig-fein zermahlen. Die Haferflocken und das Salz dazugeben und 1 weitere Minute mixen, bis die Mischung an Mehl erinnert. Zuletzt Kokosöl, Erdnussbutter, Ahornsirup und 3 TL Wasser einarbeiten, bis sich die Zutaten zu einer klebrigen, teigartigen Masse verbunden haben. Ewa 150 g der Masse abnehmen und beiseitestellen – daraus werden später die »Glückskugeln« zum Garnieren der Torte geformt.

Den Boden einer Springform (18 cm Ø) mit Backpapier auslegen, die Masse gleichmäßig in der Form verteilen und mit einem Gummispatel oder einem geeigneten Glas fest hineinpressen, bis der Boden glatt und eben ist. In den Gefrierschrank stellen und währenddessen die Cremefüllung vorbereiten.

Für die Erdnussbutterfüllung die Hälfte der Zutaten in einem leistungsstarken Standmixer gründlich verarbeiten, bis die Masse ganz glatt und cremig ist.

Den Tortenboden aus dem Gefrierschrank nehmen, die Creme einfüllen und gleichmäßig verstreichen. Die Form sanft auf die Arbeitsfläche schlagen, um eingeschlossene Luftbläschen zu entfernen. Anschließend für 1 Stunde in den Gefrierschrank stellen.

Während die erste Schicht fest wird, die Glückskugeln formen, mit denen die Torte garniert wird. Dazu die verbliebene Kuchenbodenmasse mit 1 TL Wasser geschmeidig kneten, in acht gleich große Portionen teilen und zu Kugeln formen. Bis zur Verwendung in einer Frischhaltebox in den Kühlschrank stellen.

(Fortsetzung auf der nächsten Seite)

Käsetorte mit Erdnussbuttercreme und Himbeergelee (Fortsetzung)

HIMBEERGELEE

875 g TK-Himbeeren

60 ml Ahornsirup

2 TL Agar-Agar

ERDNUSSBUTTERCREME

120 ml gekühlte Kokosmilch (nur der dicke Rahm von einer 400-ml-Dose wird benötigt)

1 EL Erdnussbutter

1 TL Ahornsirup

1 Prise Salz

GARNITUR

40 g geröstete Erdnusskerne, gehackt (nach Belieben ungesalzen)

Für das Gelee die Himbeeren in einem Topf bei mittlerer Temperatur erhitzen, bis sie zu zerfallen beginnen. Die Mischung zum Kochen bringen und etwa 5 Minuten köcheln lassen, dabei regelmäßig umrühren, damit sie nicht anbrennt. Das Fruchtpüree durch ein feines Sieb streichen, dabei den Saft auffangen und mit dem Löffelrücken sorgfältig die Früchte ausdrücken. Die Kerne wegwerfen, den Saft zurück in den Topf gießen. Den Ahornsirup dazugeben, bei mittlerer Temperatur aufkochen und etwa 5 Minuten einkochen lassen.

Inzwischen den Agar-Agar und 80 ml Wasser in einer kleinen Schüssel sorgfältig verrühren und 2 Minuten quellen lassen. Anschließend zu dem Himbeersaft in den Topf gießen, die Mischung zum Kochen bringen und unter ständigem Rühren mit dem Schneebesen 5 Minuten köcheln lassen. Vom Herd nehmen und 5 Minuten abkühlen lassen.

Die Torte aus dem Gefrierschrank nehmen und das Himbeergelee einfüllen; bei Bedarf mit einem Spatel gleichmäßig verstreichen. Das Gelee 5 Minuten abkühlen lassen und für 10 Minuten in den Gefrierschrank stellen, bis es fest ist.

Für die nächste Schicht nun die zweite Hälfte der Zutaten für die Cremefüllung im Mixer gründlich verarbeiten. Die Torte aus dem Gefrierschrank nehmen, die zweite Cremeschicht einfüllen und mit einem Messer oder einem Spatel gleichmäßig verstreichen. Anschließend für mindestens 4 weitere Stunden oder über Nacht in den Gefrierschrank stellen.

In der Zwischenzeit die Erdnussbuttercreme vorbereiten. Dazu den dicken Kokosrahm mit der Erdnussbutter, dem Ahornsirup und dem Salz in einer Schüssel mit dem elektrischen Handrührgerät glatt und cremig schlagen. Die Creme in einen Spritzbeutel mit offener Sterntülle füllen und bis zur weiteren Verwendung in den Kühlschrank legen.

Die Käsetorte im gefrorenen Zustand aus der Form lösen. Mit dem Spritzbeutel acht Erdnusscremerosetten auftragen und die Glückskugeln daraufsetzen. Die gehackten Erdnüsse über den unbedeckten Teil der Oberfläche streuen.

Die Torte in einem fest verschlossenen Behälter bis zu 2 Tage im Kühlschrank lagern. Reste lassen sich einfrieren und nach Bedarf wieder auftauen.

Käsekuchen mit Blaubeer- und Zitronencreme

Glutenfrei

Wenn Ihnen nach einem fruchtig-sommerlichen Dessert zumute ist, ist dieser Kuchen genau das Richtige für Sie. Spritzig-frische Zitronencreme und fruchtig-süße Blaubeercreme ergänzen einander in diesem Zwei-Schichten-Käsekuchen harmonisch. Die perfekte Balance aus süß und sauer.

ERGIBT 1 KUCHEN MIT 23 CM Ø

BODEN

170 g gerösteter Buchweizen oder roher Buchweizen, nach der Anleitung auf Seite 21 geröstet

70 g Kokosraspel

¼ TL rosa Himalaya-Salz

8 Medjool-Datteln, entsteint

2 ½ EL Kokosöl (im festen Zustand)

ZITRONENCREMEFÜLLUNG

220 g Cashewkerne (Trockengewicht)

1 gekühlte Dose Kokosmilch (400 ml; nur der dicke Rahm wird benötigt)

120 ml Ahornsirup

abgeriebene Schale und Saft von 2 unbehandelten Zitronen

¼ TL gemahlene Kurkuma

1 EL Kokosöl (im festen Zustand)

Rechtzeitig die Cashewkerne für die Zitronen- und die Blaubeercreme vorbereiten. Dazu sämtliche Nüsse (440 g) mindestens 4 Stunden in kaltem Wasser einweichen, mit klarem Wasser abspülen und abtropfen lassen. Oder mit kochendem Wasser bedecken und 1 Stunde weich werden lassen. Die eingeweichten Cashewkerne in zwei Portionen teilen und für die Cremes getrennt weiterverarbeiten.

Für den Boden den gerösteten Buchweizen, die Kokosraspel und das Salz im Mixer 1 Minute zermahlen, bis die Mischung von krümelig-feiner Konsistenz ist. Die Datteln und das Kokosöl dazugeben und einige weitere Minuten mixen, bis sich die Zutaten zu einer klebrigen, teigartigen Masse verbunden haben.

Den Boden einer Springform (23 cm Ø) mit Backpapier auslegen. Die Masse gleichmäßig in der Form verteilen und mit einem Gummispatel oder einem geeigneten Glas fest hineinpressen, bis der Boden glatt und eben ist. In den Gefrierschrank stellen und währenddessen die erste Cremefüllung vorbereiten.

Für die Zitronencreme die Hälfte der eingeweichten Cashewkerne und alle anderen Zutaten in einem leistungsstarken Standmixer gründlich verarbeiten, bis die Masse ganz glatt und cremig ist. Die Form aus dem Gefrierschrank nehmen, die Zitronencreme einfüllen und gleichmäßig verteilen. Dann die Form sanft auf die Arbeitsfläche schlagen, um Lufteinschlüsse zu entfernen, und für 1 Stunde in den Gefrierschrank stellen. Den Mixer säubern.

(Fortsetzung auf der nächsten Seite)

Käsekuchen mit Blaubeer- und Zitronencreme (Fortsetzung)

BLAUBEERCREMEFÜLLUNG

220 g Cashewkerne (Trockengewicht)

1 gekühlte Dose Kokosmilch (400 ml; nur der dicke Rahm wird benötigt)

180 ml Ahornsirup

75 g wilde Blaubeeren (frisch oder aufgetaute TK-Ware)

60 ml Vanille-Sojamilch

2 ½ EL Kokosöl (im festen Zustand)

1 TL Vanillepaste

¼ TL gemahlener Zimt

GARNITUR

150 g frische Blaubeeren

Zitronenzesten

Für die Blaubeercreme die verbliebene Hälfte der eingeweichten Cashewkerne mit allen anderen Zutaten einige Minuten im Mixer verarbeiten, bis die Masse glatt und cremig ist. Auf der Zitronencreme verteilen und die Form erneut sanft auf die Arbeitsfläche schlagen, damit Luftbläschen entweichen. Für mindestens 6 Stunden oder über Nacht in den Gefrierschrank stellen.

Den Kuchen 45–60 Minuten auftauen lassen und vor dem Servieren mit den frischen Blaubeeren und einigen Zitronenzesten garnieren.

Den Käsekuchen in einem fest verschlossenen Behälter im Kühlschrank 3–4 Tage lagern oder einfrieren und nach Bedarf wieder auftauen.

Schoko-Keks-Käsekuchen

Glutenfrei

Für No-Bake-Keksteig habe ich eine große Schwäche. Wenn Sie ihn genauso lieben wie ich, ist dieser Käsekuchen wie für Sie gemacht! Eine cremige Käsefüllung mit Vanille auf einem Schoko-Keksteig-Boden erwartet Sie. In der Käsecreme selbst werden kleine Keksbällchen versteckt, die beim Anschneiden zum Vorschein kommen.

ERGIBT 1 KÄSEKUCHEN MIT 18 CM Ø

KEKS-BODEN UND -BÄLLCHEN

265 g Mandelmehl oder gemahlene Mandeln

2 ½ EL Kokoszucker

½ TL rosa Himalaya-Salz

½ TL gemahlener Zimt

2 TL Cashewbutter

60 ml Vanille-Sojamilch (oder andere Pflanzenmilch, mit 1 TL Vanilleextrakt vermengt)

85 g vegane Chocolate Chips

Rechtzeitig die Cashewkerne für die Cremefüllung vorbereiten. Dazu die Nüsse mindestens 4 Stunden in kaltem Wasser einweichen, anschließend mit klarem Wasser abspülen und abtropfen lassen. Oder mit kochendem Wasser bedecken und nur 1 Stunde weich werden lassen.

Für den Boden Mandelmehl oder gemahlene Mandeln, Kokoszucker, Salz und Zimt in einer großen Schüssel vermengen. In einer weiteren Schüssel die Cashewbutter mit der Sojamilch glatt rühren.

Nun die feuchten in die trockenen Zutaten gießen und alles mit einem Gummispatel oder mit sauberen Händen sorgfältig vermengen. Zuletzt die Chocolate Chips hineingeben und gleichmäßig unterziehen.

Den Boden einer Springform (18 cm Ø) mit Backpapier auslegen und zwei Drittel der Schoko-Keks-Teigmasse einfüllen, das restliche Drittel für die Keksteigbällchen beiseitestellen. Die Masse sorgfältig in die Form hineinpressen, in den Gefrierschrank stellen und währenddessen die restlichen Bestandteile des Kuchens vorbereiten.

Den verbliebenen Keksteig zu Kugeln formen – es sollten 12 oder 13 Stück werden – und zugedeckt in den Kühlschrank stellen.

(Fortsetzung auf der nächsten Seite)

Schoko-Keks-Käsekuchen (Fortsetzung)

CREMEFÜLLUNG

220 g Cashewkerne (Trockengewicht)

1 Dose gekühlte Kokosmilch (400 ml; nur der dicke Rahm wird benötigt)

180 g Vanille-Sojajoghurt

60 ml Ahornsirup

Saft von ½ Zitrone

1 TL Vanillepaste

3 EL *coconut cream* (Kokoscreme) oder Kokosbutter

½ TL gemahlener Zimt

GARNITUR

70 g vegane Schokolade

1 TL Kokosöl (im festen Zustand)

vegane Chocolate Chips

Für die Cremefüllung sämtliche Zutaten in einem leistungsstarken Standmixer auf maximaler Stufe etwa 5 Minuten verarbeiten, bis die Masse glatt und frei von Klümpchen ist. Die Hälfte der Creme in die Form einfüllen, 4 Kekskugeln daraufsetzen und in die Creme drücken. Nun die verbliebene Creme einfüllen und weitere 4 Kekskugeln hineindrücken. Die Form sanft auf die Arbeitsfläche schlagen, um Lufteinschlüsse zu entfernen.

Den Käsekuchen für mindestens 6 Stunden oder über Nacht in den Gefrierschrank stellen und im gefrorenen Zustand aus der Form lösen, dann klebt er am Rand nicht fest.

Zum Garnieren die Schokolade zusammen mit dem Kokosöl im heißen Wasserbad schmelzen und glatt rühren. Die flüssige Schokolade mit einem Löffel rundherum auf den Kuchen träufeln und über den Rand laufen lassen. Nehmen Sie sich ein wenig Zeit, damit es ansprechend aussieht.

Die restlichen Kekskugeln in die verbliebene Schokolade tunken und dekorativ auf dem Kuchen arrangieren. Mit Chocolate Chips bestreuen und servieren.

Den Kuchen in einem fest verschlossenen Behälter 3–4 Tage im Kühlschrank lagern oder einfrieren und rechtzeitig vor dem Servieren wieder auftauen.

Käsetorte „Turkish Delight" mit Rosenwasser

Ein Keksboden mit Kakao und Rosenwasser, darüber eine Erdbeer- und eine Vanille-Joghurt-Creme und alles mit Erdbeer-Rosen-Gelee überglänzt. Wahrlich eine vielschichtige Torte, im doppelten Sinne des Wortes. Sie können es aber auch bei zwei Schichten – der Erdbeer- und der Vanille-Joghurt-Creme – belassen, wenn Sie die Dinge vereinfachen oder Zeit sparen möchten.

ERGIBT 1 TORTE MIT 23 CM Ø

BODEN

- 150 g Haferflocken (glutenfrei, falls gewünscht)
- 75 g Cashewkerne
- 25 g Kakaopulver
- 50 g Kokoszucker
- ¼ TL rosa Himalaya-Salz
- 1 EL Rosenwasser
- 45 g Kokosöl (im festen Zustand)

VANILLE-JOGHURT-CREME

- 220 g Cashewkerne (Trockengewicht)
- 1 Dose gekühlte Kokosmilch (400 ml; nur der dicke Rahm wird benötigt)
- 120 ml Ahornsirup
- 120 g Sojajoghurt
- ½ TL Vanillepaste
- 2 EL Kokosöl (im festen Zustand)
- 1 EL frischer Zitronensaft

ERDBEERCREME

- 220 g Cashewkerne (Trockengewicht)
- 1 Dose gekühlte Kokosmilch (400 ml; nur der dicke Rahm wird benötigt)
- 120 ml Ahornsirup
- 120 g Sojajoghurt
- 2 EL Kokosöl (im festen Zustand)
- 35 g frische Erdbeeren
- 20 g gefriergetrocknete Erdbeeren (oder weitere 75 g frische Erdbeeren)

Rechtzeitig die Cashewkerne für die Vanille- und die Erdbeercreme vorbereiten. Dazu sämtliche Nüsse (440 g) mindestens 4 Stunden in kaltem Wasser einweichen, mit klarem Wasser abspülen und abtropfen lassen. Oder mit kochendem Wasser bedecken und nur 1 Stunde weich werden lassen. Die eingeweichten Cashews in zwei Portionen teilen und für die Cremes getrennt weiterverarbeiten.

Für den Boden Haferflocken, Cashewkerne, Kakaopulver, Kokoszucker und Salz im Mixer 1 Minute zermahlen, bis die Mischung von krümelig-feiner Konsistenz ist. Das Rosenwasser und das Kokosöl dazugeben und einige weitere Minuten mixen, bis sich die Zutaten zu einer teigartigen Masse verbunden haben.

Den Boden einer Springform (23 cm Ø) mit Backpapier auslegen, die Masse gleichmäßig darauf verteilen und mit einem Gummispatel oder einem geeigneten Glas fest in die Form pressen; der Boden sollte glatt und eben sein. In den Gefrierschrank stellen und währenddessen die erste Creme vorbereiten.

Für die Vanille-Joghurt-Creme sämtliche Zutaten in einem leistungsstarken Standmixer gründlich verarbeiten, bis die Masse ganz glatt und cremig ist. Die Creme in zwei Portionen teilen, eine davon vorerst beiseitestellen. Den Boden aus dem Gefrierschrank nehmen und eine Portion Vanillecreme einfüllen. Die Form sanft auf die Arbeitsfläche schlagen, um Lufteinschlüsse zu entfernen. Anschließend für 1 weitere Stunde in den Gefrierschrank stellen und währenddessen die zweite Creme vorbereiten.

Für die Erdbeercreme sämtliche Zutaten im Mixer einige Minuten verarbeiten, bis die Masse homogen ist. Die Creme in zwei Portionen teilen, eine davon beiseitestellen, die andere in die Form füllen. Etwaige Luftbläschen wieder behutsam herausklopfen und die Form für mindestens 30 Minuten in den Gefrierschrank stellen.

Sobald die Erdbeercreme leicht angezogen hat, die übrige Vanillecreme einfüllen, weitere 30 Minuten einfrieren, dann die restliche Erdbeercreme darüberschichten. Den Käsekuchen mindestens 1 Stunde einfrieren und währenddessen das Gelee vorbereiten.

(Fortsetzung auf der nächsten Seite)

Käsetorte „Turkish Delight" mit Rosenwasser (Fortsetzung)

ERDBEER-ROSEN-GELEE

145 g Erdbeeren, geputzt

80 ml Ahornsirup

60 ml Rosenwasser

¾ TL Agar-Agar

GARNITUR

frische Erdbeeren mit Grün, halbiert

gefriergetrocknete Erdbeeren

getrocknete oder frische Rosenblätter

Für das Gelee die Erdbeeren mit dem Ahornsirup und dem Rosenwasser im Mixer pürieren, durch ein feines Sieb in einen Topf streichen und bei mittlerer Temperatur zum Kochen bringen. Inzwischen den Agar-Agar in einer Schüssel mit 240 ml Wasser gründlich verrühren.

Die Agar-Agar-Mischung in das Fruchtpüree gießen, die Mischung unter ständigem Rühren zum Kochen bringen und bei niedriger Temperatur 5 Minuten köcheln lassen. Dabei ständig umrühren, damit die Mischung nicht ansetzt.

Das Gelee vom Herd nehmen und vor der Weiterverarbeitung 10 Minuten abkühlen lassen. Anschließend über die Käsetorte gießen und diese für weitere 4 Stunden in den Gefrierschrank stellen, bis das Gelee vollständig gestockt ist.

Die Käsetorte im gefrorenen Zustand aus der Form lösen, damit sie am Rand nicht klebt, und vor dem Servieren 45–60 Minuten auftauen lassen. Währenddessen die Torte mit frischen und gefriergetrockneten Erdbeeren sowie Rosenblättern und nach Belieben noch mit anderen Beerenfrüchten nach Wahl garnieren.

Die Käsetorte in einem fest verschlossenen Behälter 3–4 Tage im Kühlschrank lagern oder einfrieren und rechtzeitig vor dem Servieren wieder auftauen.

Fruchtige Mango-Käsetorte

Eine Torte voll fruchtiger Frische. Vanille und Limettensaft putzen die Mango geschmacklich noch heraus und machen sie frisch und cremig. Wegen des hohen Fruchtanteils und um den Saft zu binden, den die Früchte beim Pürieren abgeben, verwende ich ein Geliermittel.

ERGIBT 1 TORTE MIT 18 CM Ø

BODEN

150 g Haferflocken (glutenfrei, falls gewünscht)

50 g Kokoszucker

¼ TL rosa Himalaya-Salz

2 EL Kokosöl (im festen Zustand)

1½ EL Cashewbutter

CREMEFÜLLUNG

100 g Cashewkerne (Trockengewicht)

2 frische Mangos, Fruchtfleisch in Stücke geschnitten

240 ml gekühlte Kokosmilch (nur der dicke Rahm von einer 400-ml-Dose wird benötigt)

60 g Vanille-Sojajoghurt (ersatzweise Soja- oder Kokosjoghurt plus 1 TL Vanilleextrakt)

120 ml Ahornsirup

2 EL Kokosöl (im festen Zustand)

Saft von 1 Limette

1¼ TL Agar-Agar

GARNITUR

1 frische Mango, Fruchtfleisch in Scheiben geschnitten

145 g Erdbeeren mit Grün, halbiert oder in Scheiben geschnitten

gefriergetrocknete Erdbeeren (nach Belieben)

Rechtzeitig die Cashewkerne für die Cremefüllung vorbereiten. Dazu die Nüsse mindestens 4 Stunden in kaltem Wasser einweichen, mit klarem Wasser abbrausen und abtropfen lassen. Oder mit kochendem Wasser bedecken und nur 1 Stunde weich werden lassen.

Für den Boden Haferflocken, Kokoszucker und Salz im Mixer 1 Minute zermahlen, bis die Mischung von krümelig-feiner Konsistenz ist. Das Kokosöl und die Cashewbutter dazugeben und einige weitere Minuten mixen, bis sich alles zu einer klebrigen, teigartigen Masse verbunden hat.

Den Boden einer Springform (18 cm Ø) mit Backpapier auslegen, die Masse gleichmäßig darauf verteilen und mit einem Gummispatel oder einem geeigneten Glas fest in die Form pressen, bis der Boden glatt und eben ist. In den Gefrierschrank stellen und währenddessen die Mangocreme für die Füllung vorbereiten.

Für die Cremefüllung die eingeweichten Cashewkerne sowie Mangos, Kokosrahm, Vanillejoghurt, Ahornsirup, Kokosöl und Limettensaft in einem leistungsstarken Standmixer gründlich verarbeiten, bis die Masse ganz glatt und cremig ist.

Die Creme in einen Topf umfüllen und bei mittlerer Temperatur leicht zum Sieden bringen. Inzwischen den Agar-Agar in einer Schüssel mit 4 EL der Fruchtmischung verschlagen. Die Agar-Agar-Mischung zu der restlichen Creme in den Topf gießen und unter ständigem Rühren mit dem Schneebesen 5 Minuten aufkochen. Vom Herd nehmen und 5 Minuten abkühlen lassen.

Den Tortenboden aus dem Gefrierschrank nehmen und die Mangocreme einfüllen. Die Form sanft auf die Arbeitsfläche schlagen, um Lufteinschlüsse zu entfernen. Für weitere 6 Stunden oder über Nacht in den Gefrierschrank stellen.

Die Mango-Käsetorte im gefrorenen Zustand aus der Form lösen, dann klebt sie nicht, und mit Mangoscheiben, Erdbeeren und nach Belieben mit gefriergetrockneten Erdbeeren garnieren.

Die Torte vor dem Servieren 45–60 Minuten auftauen lassen.

In einem fest verschlossenen Behälter im Kühlschrank lagern und innerhalb weniger Tage verzehren. Oder einfrieren und rechtzeitig vor dem Servieren wieder auftauen.

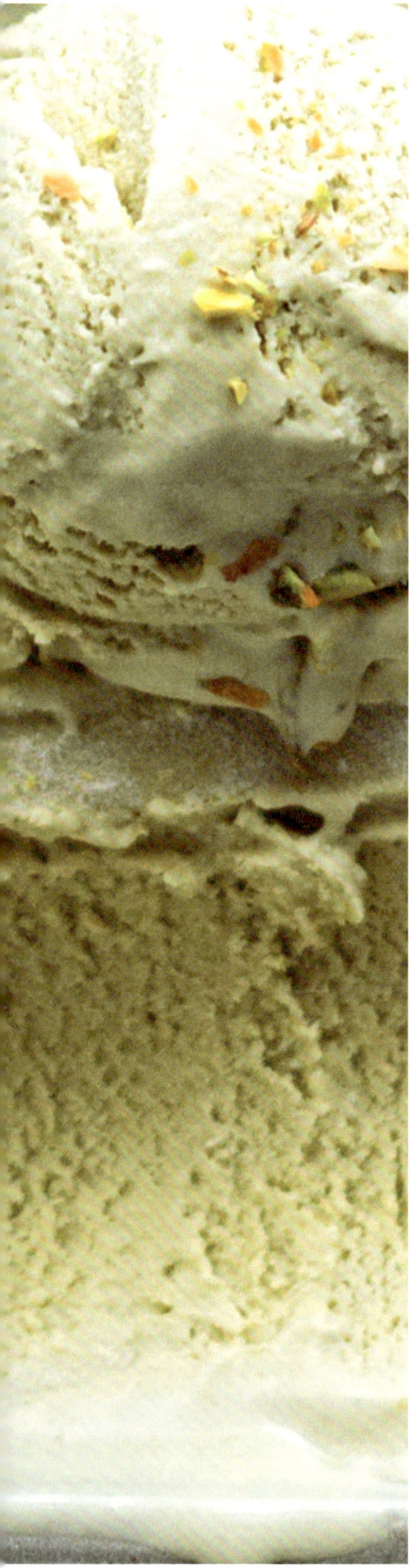

Eiscreme

Es ist Sommer, höchste Zeit, die Eismaschine herauszuholen! Kleiner Scherz – für den eisgekühlten Genuss gefrorener Desserts spielt die Jahreszeit keine Rolle. Eiscreme ist mit einigem Abstand meine liebste Nachspeise, selbst wenn es draußen klirrend kalt ist! Und die Anschaffung einer Eismaschine, wenngleich eine kleine Investition, hat mein selbst gemachtes Eis um Längen besser gemacht.

Mit diesen Rezepten für den Hausgebrauch sind Sie in der Lage, köstliche Eiscremes zu realisieren, ganz bequem in Ihrer eigenen Küche. Und die Supermarktregale für Fertigeis und Milchprodukte werden Sie künftig endgültig links liegen lassen!

Pistazienfans sollten unbedingt das duftig-cremige Pistazieneis auf Seite 83 probieren. Für Eis zum Mitnehmen bieten das Schokoladen-Karamell-Eis am Stiel (siehe Seite 92) und die Vanilleeis-Riegel im Keksteig (siehe Seite 95) genüssliche Schleckereien.

Salzkaramell-Schokoladen-Eis

Das leckerste Dessert, das man sich vorstellen kann: cremiges Schokoladeneis mit dunklen Schokostückchen darin und einer süßen, sämigen Karamellsauce. Die Eiscreme lässt sich ganz einfach zubereiten, sie erfordert weder Mixer noch Küchenmaschine, nur ein paar Schüsseln und eine Eismaschine, das ist alles.

ERGIBT 780 ML

EISCREME

2 Dosen gekühlte Kokosmilch (à 400 ml; nur der dicke Rahm wird benötigt)

240 ml Hafermilch (oder andere pflanzliche Milch)

170 g dunkle vegane Schokolade (70 % Kakaoanteil), grob gehackt

1 TL Vanilleextrakt

90 ml Ahornsirup

KARAMELLSAUCE

260 g Cashewbutter

180 ml Ahornsirup

½ TL rosa Himalaya-Salz

GARNITUR

60 g dunkle vegane Schokolade, in kleine Stücke gehackt

Für die Eiscreme den dicken Kokosrahm und die Hafermilch in einem Topf bei mittlerer Temperatur zum Kochen bringen. Sobald die Mischung siedet, den Topf vom Herd nehmen, die Schokolade hineingeben und gut umrühren, bis sie geschmolzen und die Mischung glatt und frei von Klümpchen ist. Zuletzt den Vanilleextrakt und den Ahornsirup untermengen und glatt rühren. Die Masse etwa 30 Minuten bis auf Raumtemperatur abkühlen lassen.

Die vollständig abgekühlte Eismasse in die Eismaschine füllen und nach der Bedienungsanleitung gefrierrühren (etwa 40 Minuten).

Für die Karamellsauce Cashewbutter, Ahornsirup und Salz in einer großen Schüssel kräftig verschlagen, bis die Sauce glatt und samtig ist. In den Kühlschrank stellen, während die Eismaschine ihre Arbeit erledigt.

Die fertig gefriergerührte Eiscreme in eine große Rührschüssel umfüllen und mit einem Gummispatel ganz behutsam die Hälfte der Karamellsauce unterziehen (die restliche Sauce zugedeckt beiseitestellen). Nicht zu energisch rühren, es soll eine Art Marmoreffekt entstehen.

Etwa drei Viertel der Schokoladenstückchen dazugeben und ebenfalls vorsichtig unterziehen. Die Eiscreme in eine Kastenform oder eine rechteckige Vorratsbox füllen, sorgfältig mit Backpapier bedecken und für 4 Stunden einfrieren.

Die Eiscreme 10 Minuten vor dem Servieren aus dem Gefrierschrank nehmen, damit sie ein wenig antauen kann. Die restliche Karamellsauce erneut kurz durchrühren, über das Eis träufeln und mit den verbliebenen Schokostückchen bestreuen.

Einen Eisportionierer in heißem Wasser anwärmen und das Eis in Schalen anrichten. Sofort servieren.

Himbeer-Vanille-Eis

Eine klassische Eissorte, die jeder mag. Das Eis besteht aus einer Basismasse aus Vanille, Kokos und Hafermilch sowie einer säuerlich-fruchtigen Himbeersauce. Cremiges Vanilleeis und frische Himbeeren, eine Kombination, die einfach nie langweilig wird.

ERGIBT 780 ML

HIMBEERSAUCE

190 g TK-Himbeeren

2 EL Ahornsirup

EISCREME

2 Dosen gekühlte Kokosmilch (à 400 ml; nur der dicke Rahm wird benötigt)

240 ml Hafermilch

180 ml Ahornsirup

2 EL Kokosöl (im festen Zustand)

1 TL Vanillepaste

¼ TL Mandelextrakt

Für die Himbeersauce die Himbeeren in einem Topf 30 Minuten auftauen lassen und anschließend bei mittlerer Temperatur 10 Minuten garen. Die Früchte durch ein feines Sieb in eine Schüssel streichen, die Samen wegwerfen und das Fruchtpüree zurück in den Topf geben. Den Ahornsirup unterrühren und unter ständigem Rühren weitere 5 Minuten garen. Dann die Sauce abkühlen lassen und währenddessen die Eiscreme zubereiten.

Sämtliche Zutaten für die Eiscreme in einem leistungsstarken Standmixer einige Minuten pürieren, bis die Masse glatt und cremig ist. Die Eismasse in die Eismaschine füllen und nach der Bedienungsanleitung gefrierrühren (etwa 40 Minuten).

Die fertig gefriergerührte Eiscreme in eine große Schüssel umfüllen und mit einem Gummispatel behutsam drei Viertel der Himbeersauce unterziehen. Nicht zu energisch rühren, es soll eine Art Marmoreffekt entstehen. Das Eis in eine Kastenform füllen, die restliche Himbeersauce darübergießen und mit einem Messer unter das Eis wirbeln.

Die Form bedecken und das Eis für mindestens 4 Stunden einfrieren, bis es fest ist.

Die Eiscreme 10 Minuten vor dem Servieren aus dem Gefrierschrank nehmen. Einen Eisportionierer in heißem Wasser anwärmen und das Eis in Waffelhörnchen oder Schalen anrichten. Sofort servieren.

Vanilleeis mit Kamille

Glutenfrei

Dies ist eine Abwandlung der klassischen Vanilleeiscreme mit einer blumigen Kamillenote. Die Cashewkerne sorgen für den cremigen Schmelz, man kann das Eis direkt aus der Eismaschine wie »Softeis« schlecken.

ERGIBT 780 ML

220 g Cashewkerne (Trockengewicht)

3 EL loser Kamillentee

1 Vanilleschote

1 Dose gekühlte Kokosmilch (400 ml; nur der dicke Rahm wird benötigt)

180 ml Ahornsirup

3 EL Kokosöl (im festen Zustand)

1 Prise rosa Himalaya-Salz

Rechtzeitig die Cashewkerne vorbereiten. Dazu die Nüsse mindestens 4 Stunden in kaltem Wasser einweichen, anschließend mit klarem Wasser abbrausen und abtropfen lassen. Oder mit kochendem Wasser bedecken und nur 1 Stunde weich werden lassen.

Inzwischen den Kamillentee mit 3 EL kochendem Wasser übergießen und 5 Minuten ziehen lassen.

Die Vanilleschote der Länge nach aufschneiden, das Mark mit dem Messerrücken herausschaben und zusammen mit der Schote in einen Topf geben. Den dicken Kokosrahm und den Kamillentee (mitsamt den Blüten) dazugießen. Alles zum Kochen bringen und 5 Minuten köcheln lassen.

Die Mischung durch ein feines Sieb passieren, um die Schote und die Kamille zu entfernen, dann die Flüssigkeit in einen leistungsstarken Standmixer gießen. Cashewkerne, Ahornsirup, Kokosöl und das Salz dazugeben und 5 Minuten mixen, bis die Mischung glatt und cremig ist. In eine große Schüssel umfüllen und 20 Minuten im Kühlschrank abkühlen lassen.

Die vollständig abgekühlte Eismasse in die Eismaschine füllen und nach der Bedienungsanleitung gefrierrühren (etwa 40 Minuten). Wenn es dick und cremig ist, das Eis in eine mit Backpapier ausgekleidete Kastenform füllen und mit weiterem Backpapier oder mit Frischhaltefolie sorgfältig bedecken.

Das Eis vor dem Servieren noch für mindestens 4 Stunden einfrieren.

Honeycomb-Toffee-Eis

Glutenfrei

Als Basis für dieses Eis verwende ich Aquafaba, die Flüssigkeit von Kichererbsen aus der Dose. Klingt eklig? Dachte ich mir, aber keine Sorge, einmal eingearbeitet, ist sie vollkommen geschmacklos. Aufgeschlagen entwickelt Aquafaba eine weiche, schaumige Konsistenz wie Baiser, ideal, um dem Eis eine luftige, lockere Konsistenz zu verleihen. Das Rezept ergibt mehr Honeycomb-Toffee (»Honigwaben-Toffee«, eine Art Toffee aus aufgeschäumtem Karamell) als benötigt, Reste können Sie in einer Frischhaltebox aufbewahren, in milchfreie Schokoladensauce tauchen, zu Eiscreme oder einfach pur genießen.

ERGIBT 780 ML

HONEYCOMB-TOFFEE

Sonnenblumenöl zum Einfetten

180 g feiner Zucker

80 ml heller Zuckerrübensirup

1½ TL (7 g) Backnatron

EISCREME

120 ml Aquafaba (die gekühlte Flüssigkeit von Kichererbsen aus der Dose; siehe Anmerkung auf Seite 32)

½ TL Weinstein

2 Dosen gekühlte Kokosmilch (à 400 ml; nur der dicke Rahm wird benötigt)

120 ml Ahornsirup

2 TL Vanilleextrakt

1 Prise Salz

Für den Honeycomb-Toffee zunächst sämtliche Utensilien bereitstellen und die Zutaten abwiegen, da zügiges Arbeiten erforderlich ist, sobald die Mischung so weit ist.

Ein großes Backblech mit Backpapier auslegen und das Papier mit ein wenig Sonnenblumenöl einfetten.

In einem Topf den Zucker und den Zuckerrübensirup mit 60 ml Wasser vermengen und bei mittlerer Temperatur mit einem Holzlöffel einige Minuten umrühren, bis sich der Zucker vollständig aufgelöst hat.

Nun nicht mehr rühren, sonst kristallisiert der Zucker wieder aus. Die Temperatur ein wenig erhöhen und zur Kontrolle ein Zuckerthermometer in den Sirup einhängen. Der Karamell soll auf 149 °C erhitzt werden (»Starker Bruch« genannt). Das dauert etwa 15 Minuten, also geduldig sein und stets ein Auge auf den Topf haben.

Sobald der Karamell eine Temperatur von 149 °C erreicht hat, den Topf vom Herd nehmen, sofort das Backnatron hineingeben und sorgfältig unterrühren (den Karamell auf keinen Fall berühren, er ist extrem heiß!). Die Masse direkt auf das vorbereitete Blech gießen und weiterhin nicht berühren.

Den Honeycomb 1–2 Stunden vollständig aushärten lassen, nicht anfassen oder umrühren. Sobald er auf Raumtemperatur abgekühlt und fest ist, vom Blech lösen und in kleine Stücke hacken.

Für die Eiscreme das Aquafaba und den Weinstein in einer großen Schüssel mit dem elektrischen Handrührgerät oder im Standmixer 10 Minuten aufschlagen, bis die Masse weiche Spitzen zieht.

(Fortsetzung auf der nächsten Seite)

Honeycomb-Toffee-Eis (Fortsetzung)

In einem leistungsstarken Standmixer den dicken Kokosrahm mit dem Ahornsirup, dem Vanilleextrakt und dem Salz zu einer glatten Mischung verarbeiten. Die Masse portionsweise (à etwa 120 ml) vorsichtig in das aufgeschlagene Aquafaba geben und vor jeder weiteren Zugabe behutsam unterziehen, bis sie vollständig eingearbeitet ist. Nicht zu energisch rühren, sonst entweicht die eingearbeitete Luft wieder.

Die Eismasse in die Eismaschine füllen und nach der Bedienungsanleitung gefrierrühren (etwa 40 Minuten).

Die fertig gefriergerührte Eiscreme in eine große Schüssel umfüllen, die Hälfte des gehackten Honeycomb-Toffees dazugeben und mit einem Gummispatel behutsam unterziehen. Das Eis in eine Kastenform geben und mit weiterem Toffee bestreuen (Reste in einer fest verschlossenen Frischhaltebox aufbewahren). Das Eis für mindestens 4 Stunden oder über Nacht einfrieren.

Die Eiscreme etwa 5 Minuten vor dem Servieren aus dem Gefrierschrank nehmen. Einen Eisportionierer in heißem Wasser anwärmen und das Eis in Waffelhörnchen oder Schalen anrichten. Sofort servieren.

Pistazieneis

Glutenfrei

Pistazieneis ist eine meiner absoluten Lieblingseissorten. Früher war es in Irland selten zu finden, darum griff ich als Kind zu, wann immer sich die Gelegenheit bot. Als Teenager unternahm ich den ersten Versuch, es selbst zu machen – viele Jahre später ist diese veganisierte Version besser als jede andere, an die ich mich erinnern kann, ob gekauft oder selbst gemacht. Die Pistazien sorgen nicht nur für eine schöne Farbe und ein duftiges Aroma, sondern auch für cremigen Schmelz, der es mit jedem italienischen *gelato* aufnehmen kann.

ERGIBT 780 ML

EISCREME

125 g Pistazienkerne

2 Dosen gekühlte Kokosmilch (à 400 ml; nur der dicke Rahm wird benötigt)

240 ml Ahornsirup

3 EL Kokosöl (im festen Zustand)

½ TL Mandelextrakt

1 EL Weizengraspulver (nach Belieben, zur Farbgebung)

GARNITUR

30 g Pistazienkerne, gehackt

Rechtzeitig die Pistazienkerne einweichen. Dazu die Pistazien in einer großen Schüssel mit Wasser bedecken und mindestens 2 Stunden stehen lassen. Anschließend mit klarem Wasser abbrausen und, so gut es geht, die Häutchen abreiben. Sie sollten sich nun relativ einfach mit den Fingern entfernen lassen.

Sämtliche Zutaten für die Eiscreme in einem leistungsstarken Standmixer einige Minuten verarbeiten, bis die Masse glatt und cremig ist. Darauf achten, dass keine Klumpen verbleiben. Die Masse in die Eismaschine füllen und nach der Bedienungsanleitung gefrierrühren, bis die Creme dick wird (etwa 40 Minuten).

Das fertig gefriergerührte Pistazieneis in eine Kastenform füllen und mit den gehackten Pistazien bestreuen. Die Form sorgfältig bedecken und für mindestens 4 Stunden in den Gefrierschrank stellen, bis das Eis fest ist.

Das Eis 10 Minuten vor dem Servieren aus dem Gefrierschrank nehmen. Einen Eisportionierer in heißem Wasser anwärmen und das Eis in Waffelhörnchen oder Schalen anrichten. Sofort servieren.

Bild siehe Seite 72

Beschwipstes Tiramisu-Eis

Glutenfrei

Diese Schleckerei vereint das Beste aus beiden Dessertwelten – Eis und Tiramisu! Der braune Rum sorgt nicht nur für ein köstliches, feuchtfröhliches Aroma, sondern spendiert dem Eis auch seine cremige, löffelfähige Konsistenz.

ERGIBT 1 LITER

EISCREME

145 g Cashewkerne (Trockengewicht)

3 EL lösliches Kaffeepulver

2 Dosen gekühlte Kokosmilch (à 400 ml; nur der dicke Rahm wird benötigt)

95 g Kokoszucker

120 ml Ahornsirup

120 g Vanille-Sojajoghurt (ersatzweise reiner Soja- oder Kokosjoghurt)

3 EL Kokosöl (im festen Zustand)

1 TL Vanilleextrakt

1 EL brauner Rum oder 1 TL Rumaroma

SCHOKOLADENSAUCE

60 g Vanille-Sojajoghurt (ersatzweise reiner Soja- oder Kokosjoghurt)

3 EL Cashewbutter

3 EL Ahornsirup

1 EL Kakaopulver

RUMKUGELN

110 g Cashewkerne

1 Prise rosa Himalaya-Salz

4 Medjool-Datteln, entsteint

1 EL brauner Rum

GARNITUR

Kaffeebohnen (nach Belieben)

Rechtzeitig die Cashewkerne für die Eismasse mindestens 4 Stunden in kaltem Wasser einweichen. Anschließend mit klarem Wasser abbrausen und abtropfen lassen. Oder mit kochendem Wasser bedecken und nur 1 Stunde weich werden lassen.

Für die Eiscreme den löslichen Kaffee in einer Tasse in 2 EL kochendem Wasser auflösen. Mit den eingeweichten Cashewkernen und allen anderen Zutaten in einen leistungsstarken Standmixer geben und 5 Minuten gründlich verarbeiten, bis die Masse glatt und cremig ist.

Die Eismasse (sie sollte vollständig abgekühlt sein) in die Eismaschine füllen und nach der Bedienungsanleitung gefrierrühren, bis sie dick und cremig ist (etwa 40 Minuten).

In der Zwischenzeit die Schokoladensauce zubereiten. Dazu sämtliche Zutaten in einer Schüssel kräftig verschlagen, bis die Mischung glatt ist. Beiseitestellen.

Für die Rumkugeln die uneingeweichten Cashewkerne und das Salz im Mixer zermahlen, bis die Mischung von krümeliger Konsistenz ist. Die Datteln und den Rum dazugeben und alles zu einer klebrigen Masse verarbeiten. Etwa ein Viertel der Masse beiseitelegen, sie wird später über das Eis gekrümelt. Den Rest zwischen den Handflächen zu Kügelchen rollen.

Das fertig gefriergerührte Eis in eine große Schüssel umfüllen. Mit einem Gummispatel zuerst behutsam die Rumkugeln und anschließend etwa die Hälfte der Schokoladensauce unterziehen.

Das Tiramisu-Eis in eine mit Backpapier ausgekleidete Kastenform füllen und mit der restlichen Schokoladensauce übergießen. Die restliche Rumkugelmasse über das Eis krümeln und nach Belieben mit Kaffeebohnen garnieren.

Das Tiramisu-Eis mit Backpapier sorgfältig bedecken und vor dem Servieren für mindestens 4 Stunden einfrieren.

Das Eis etwa 10 Minuten vor dem Servieren aus dem Gefrierschrank nehmen. Einen Eisportionierer in heißem Wasser anwärmen und das Eis in Waffelhörnchen oder Schalen anrichten. Sofort servieren.

Erdbeer-Käsekuchen-Eis

Glutenfrei

Bei diesem Rezept kommen sowohl Eisliebhaber als auch Käsekuchenfans auf ihre Kosten. Die Basis bilden Cashewkerne, die dem Eis zusammen mit einem Spritzer Zitronensaft ein säuerlich-frisches Käsekuchenaroma verleihen. Das Ergebnis ist zartschmelzendes Eis mit einer fruchtig-süßen Erdbeersauce und kernigen Cashewstücken darin.

ERGIBT 780 ML

EISCREME

220 g Cashewkerne (Trockengewicht)

1 Dose gekühlte Kokosmilch (400 ml; nur der dicke Rahm wird benötigt)

80 g Vanille-Sojajoghurt (oder einfacher Sojajoghurt plus 1 TL Vanillepaste)

55 g Kokosöl (im festen Zustand)

1 EL frischer Zitronensaft

5 frische Erdbeeren, in kleine Würfel geschnitten

ERDBEERSAUCE

145 g TK-Erdbeeren

80 ml Apfelsaft

1 EL Ahornsirup

1 EL Maisstärke

CASHEW-CRUMBLE

50 g Cashewkerne

25 g Mandelmehl oder gemahlene Mandeln

1 Prise rosa Himalaya-Salz

1 EL Ahornsirup

Rechtzeitig die Cashewkerne für die Eiscreme vorbereiten. Dazu die Nüsse mindestens 4 Stunden in kaltem Wasser einweichen, mit klarem Wasser abbrausen und abtropfen lassen. Oder mit kochendem Wasser bedecken und nur 1 Stunde weich werden lassen.

Inzwischen die Erdbeersauce zubereiten. Dazu die gefrorenen Erdbeeren und den Apfelsaft in einem Topf bei mittlerer bis hoher Temperatur zum Kochen bringen und in 15–20 Minuten zu einem dicken Püree kochen. Den Ahornsirup dazugeben und die Maisstärke in die Mischung sieben. Weitere 2 Minuten garen und dabei ständig rühren, damit die Sauce nicht anbrennt. Vom Herd nehmen und abkühlen lassen.

Währenddessen für die Eiscreme die eingeweichten Cashewkerne und alle anderen Zutaten – außer den Erdbeeren – in einem leistungsstarken Standmixer 5 Minuten verarbeiten, bis die Masse glatt und cremig ist.

Die Masse in die Eismaschine füllen und nach der Bedienungsanleitung gefrierrühren (etwa 40 Minuten). Nach etwa 10 Minuten die Erdbeerstückchen dazugeben.

Für den Cashew-Crumble die uneingeweichten Cashewkerne im Mixer krümelig zermahlen. Das Mandelmehl oder die gemahlenen Mandeln, das Salz und den Ahornsirup dazugeben und 1 weitere Minute mixen, bis die Masse klebt, wenn man sie mit den Fingern zusammendrückt. Etwa ein Drittel der Masse zum Garnieren zur Seite legen, aus dem Rest kleine Bällchen formen und kurz vor Ende der Rührzeit zur Eismasse in die Eismaschine geben.

Sobald das Eis dick und cremig ist, drei Viertel der Erdbeersauce dazugeben und die Eismaschine für weitere 30 Sekunden laufen lassen. Das Eis in eine mit Backpapier ausgekleidete Kastenform füllen, die restliche Sauce darüber verteilen und mit dem verbliebenen Crumble bestreuen.

Das Erdbeer-Käsekuchen-Eis sorgfältig mit Backpapier bedecken und vor dem Servieren 4 Stunden einfrieren.

Das Eis etwa 10 Minuten vor dem Servieren aus dem Gefrierschrank nehmen. Einen Eisportionierer in heißem Wasser anwärmen und das Eis in Waffelhörnchen oder Schalen anrichten. Sofort servieren.

Schoko-Kirsch-Eis

Glutenfrei

Wenn Sie Kirschen mögen, ist dieses Eis wie für Sie gemacht. Der Mandelextrakt unterstreicht das Kirscharoma und hebt es auf eine höhere Stufe. Ein dickes, cremiges und zugleich fruchtig-schokoladiges Eis.

ERGIBT 1 LITER

EISCREME

100 g Cashewkerne (Trockengewicht)

2 Dosen gekühlte Kokosmilch (à 400 ml; nur der dicke Rahm wird benötigt)

55 g Kokosöl (im festen Zustand)

240 ml Ahornsirup

2 TL Vanilleextrakt

1 TL Mandelextrakt

330 g entsteinte TK-Kirschen, aufgetaut und abgetropft (den aufgefangenen Saft und einen Teil der Kirschen für die Sauce verwenden)

60 g dunkle vegane Schokolade, gehackt

KIRSCHSAUCE

120 ml Kirschsaft (siehe oben)

2 EL Maisstärke

60 ml Ahornsirup

155 g aufgetaute Kirschen (siehe oben)

GARNITUR

45 g dunkle vegane Schokolade, gehackt

frische Kirschen mit Stiel

Rechtzeitig die Cashewkerne für die Eiscreme vorbereiten. Die Nüsse mindestens 4 Stunden in kaltem Wasser einweichen, mit klarem Wasser abbrausen und abtropfen lassen. Oder mit kochendem Wasser übergießen und nur 1 Stunde weich werden lassen.

Für die Eiscreme die eingeweichten Cashewkerne, den dicken Kokosrahm sowie Kokosöl, Ahornsirup, Vanilleextrakt und Mandelextrakt in einen leistungsstarken Standmixer geben. 175 g der aufgetauten Kirschen hinzufügen und 5 Minuten mixen, bis die Masse glatt und cremig ist.

Die Masse in die Eismaschine füllen und nach der Bedienungsanleitung gefrierrühren, bis sie dick und cremig ist (etwa 40 Minuten). Nach etwa 10 Minuten die gehackte Schokolade dazugeben.

Während die Eismaschine arbeitet, die Kirschsauce vorbereiten. Dazu den Kirschsaft in einer kleinen Schüssel mit der Maisstärke glatt rühren. Die aufgelöste Stärke mit dem Ahornsirup und 120 ml Wasser in einen Topf geben, zum Kochen bringen und unter ständigem Rühren 5 Minuten garen. Den Topf vom Herd nehmen, die restlichen aufgetauten Kirschen (155 g) unter die Sauce rühren und abkühlen lassen.

Die fertig gefriergerührte Eiscreme in eine große Schüssel umfüllen und mit einem Gummispatel behutsam drei Viertel der abgekühlten Kirschsauce unterziehen. Das Schoko-Kirsch-Eis in eine mit Backpapier ausgekleidete Kastenform geben, mit der restlichen Kirschsauce beträufeln und mit der gehackten Schokolade bestreuen. Sorgfältig mit Backpapier bedecken und für 4 Stunden einfrieren.

Das Eis beliebig anrichten und vor dem Servieren mit frischen Kirschen garnieren.

Blaubeer-Zimt-Eis

Glutenfrei

Sommerliche Beeren und winterliche Würze – das perfekte Eis für Sommer und Winter. Der Zimt rundet den Geschmack der Blaubeeren wunderbar ab, wie ich finde. Tipp: Nehmen Sie nach Möglichkeit frische kleine oder wild wachsende Blaubeeren, sie sind in der Farbe wie im Aroma kräftiger.

ERGIBT 1 LITER

- 100 g Cashewkerne (Trockengewicht)
- 155 g TK-Blaubeeren, aufgetaut (oder frische Blaubeeren)
- 2 Dosen gekühlte Kokosmilch (à 400 ml; nur der dicke Rahm wird benötigt)
- 240 ml Ahornsirup
- 2 EL Kokosöl (im festen Zustand)
- 1 TL Vanillepaste
- 2 ½ TL gemahlener Zimt

Rechtzeitig die Cashewkerne mindestens 4 Stunden in kaltem Wasser einweichen. Anschließend mit klarem Wasser abbrausen und abtropfen lassen. Oder die Nüsse mit kochendem Wasser bedecken und 1 Stunde weich werden lassen.

In einem leistungsstarken Standmixer sämtliche Zutaten einige Minuten verarbeiten, bis die Masse glatt und cremig ist.

Die Masse in die Eismaschine füllen und nach der Bedienungsanleitung gefrierrühren, bis das Eis fest ist (etwa 40 Minuten).

Das fertig gefriergerührte Eis in eine große, mit Backpapier ausgekleidete Kastenform oder in einen gefriertauglichen Behälter füllen, mit weiterem Backpapier bedecken und für mindestens 4 Stunden einfrieren.

Das Blaubeer-Zimt-Eis etwa 10 Minuten vor dem Servieren aus dem Gefrierschrank nehmen. Einen Eisportionierer in heißem Wasser anwärmen und das Eis in Waffelhörnchen oder Schalen anrichten. Sofort servieren.

Schokoladen-Karamell-Eis am Stiel

Glutenfrei

Dieses Eis am Stiel ist die helle Freude. Cremiges Schoko-Eis und sämig-salziger Karamell, ummantelt von einer dicken Schokoladenhülle. Es geht ganz einfach und überzeugt selbst die hartnäckigsten Kritikaster! Ich empfehle, die Rezeptmenge zu verdoppeln, falls Sie genügend Formen haben, sonst hält der Vorrat garantiert nicht lange. Ich verwende »Magnum«-Eisformen aus Silikon, die jeweils etwa 6 Esslöffel (90 ml) fassen.

ERGIBT 4 EIS AM STIEL

EISCREME

50 g Cashewkerne (Trockengewicht)

240 ml gekühlte Kokosmilch (nur der dicke Rahm von einer 400-ml-Dose wird benötigt)

60 ml Ahornsirup

2 EL Cashewbutter

1½ EL Kakaopulver

SALZKARAMELL

60 ml Ahornsirup

2 EL Cashewbutter

1 EL (9 g) Maca-Pulver

¼ TL rosa Himalaya-Salz

SCHOKOLADENÜBERZUG

100 g vegane Schokolade, wie die selbst gemachte Helle Schokolade mit Cashews und Lucuma (siehe Seite 122)

GARNITUR

Kokoszucker

Rechtzeitig die Cashewkerne für die Eiscreme vorbereiten. Dazu die Nüsse mindestens 4 Stunden in kaltem Wasser einweichen, mit klarem Wasser abbrausen und abtropfen lassen. Oder die Cashewkerne mit kochendem Wasser bedecken und nur 1 Stunde weich werden lassen.

Inzwischen für den Salzkaramell in einer Schüssel sämtliche Zutaten mit einem Schneebesen glatt rühren. Die Silikon-Eisformen mit dem Karamell (je etwa 1½ EL) füllen und beiseitelegen.

Für die Eiscreme die eingeweichten Cashewkerne sowie alle anderen Zutaten in einem leistungsstarken Standmixer verarbeiten, bis die Masse glatt und cremig ist. Die Eismasse über den Karamell in die Eisformen füllen, jeweils einen Holzstiel hineinstecken und für mindestens 6 Stunden oder über Nacht einfrieren.

Für den Überzug die Schokolade im heißen Wasserbad schmelzen. Das Eis am Stiel aus den Formen lösen und mit der geschmolzenen Schokolade überziehen, sodass es rundherum bedeckt ist. Anschließend auf eine Lage Backpapier legen, bis sich die Schokolade verfestigt hat – das kann ruhig auf der Küchentheke geschehen, wenn das Eis durch und durch gefroren ist.

Zum Garnieren weitere Schokolade über das Eis träufeln und mit etwas Kokoszucker bestreuen.

Das Eis sofort servieren oder in einem gefriertauglichen Behälter bis zu 1 Monat im Gefrierschrank aufbewahren.

Vanilleeis-Riegel im Keksteig

Es gibt nichts Schöneres als einen Eisriegel, den man komplett vernaschen kann; kein Stiel, kein Löffel, nur ein großes Keks-Sandwich mit cremigem Vanilleeis dazwischen. Das Rezept reicht für eine stattliche Zahl an Eisriegeln, ein perfekter Vorrat im Gefrierschrank, falls Sie mal wieder die Lust auf etwas Süßes überkommt.

ERGIBT 9–12 EISRIEGEL

EISCREME

145 g Cashewkerne (Trockengewicht)

1 Dose gekühlte Kokosmilch (400 ml; nur der dicke Rahm wird benötigt)

120 ml Mandelmilch

120 ml Ahornsirup

1 TL Vanillepaste

2 EL (15 g) Lucuma-Pulver (siehe Anmerkung Seite 122)

1 Prise rosa Himalaya-Salz

¼ TL gemahlener Zimt

KEKSTEIG

200 g Haferflocken (glutenfrei, falls gewünscht)

190 g Mandelmehl oder gemahlene Mandeln

95 g Kokoszucker

¼ TL rosa Himalaya-Salz

3 EL Mandel- oder Cashewbutter

1 EL Kokosöl (im festen Zustand)

1 TL Vanilleextrakt

75 ml Mandelmilch

225 g vegane Schokolade, wie die selbst gemachte Helle Schokolade mit Cashews und Lucuma (siehe Seite 122), in kleine Stücke gehackt

Rechtzeitig die Cashewkerne für die Eiscreme vorbereiten. Dazu die Nüsse mindestens 4 Stunden in kaltem Wasser einweichen, mit klarem Wasser abbrausen und abtropfen lassen. Oder die Nüsse mit kochendem Wasser bedecken und nur 1 Stunde weich werden lassen.

Inzwischen für den Keksteig Haferflocken, Mandelmehl oder gemahlene Mandeln, Kokoszucker und Salz im Mixer zermahlen, bis die Mischung von krümeliger Konsistenz ist. Mandel- oder Cashewbutter sowie Kokosöl, Vanilleextrakt und Mandelmilch dazugeben und erneut mixen, bis sich die Zutaten zu einer klebrigen, teigartigen Masse verbunden haben.

Die Masse in eine große Schüssel umfüllen, die Schokoladenstücke dazugeben und von Hand verkneten, bis sie gleichmäßig eingearbeitet sind.

Die Keksmasse in zwei Portionen teilen und jeweils zwischen zwei Lagen Backpapier zu einem etwa 28 × 18 cm großen Rechteck ausrollen.

Ein entsprechend großes Blech oder den Boden einer Form dieser Größe mit Backpapier auslegen und eine der Keksteigplatten einlegen. Die andere Platte vorsichtig in Backpapier einschlagen und auf einem Blech in den Gefrierschrank stellen.

Für die Eiscreme die eingeweichten Cashewkerne und alle anderen Zutaten in einem leistungsstarken Standmixer verarbeiten, bis die Masse glatt und cremig ist. Die Eismasse über den Keksteig auf das Blech oder in die Form gießen und in den Gefrierschrank stellen, bis sie fest ist.

Nach etwa 2 Stunden kontrollieren, ob sich das Eis ausreichend verfestigt hat, und dann die zweite Keksteigplatte auflegen. Bedecken und für weitere 4 Stunden oder über Nacht einfrieren.

Sobald es komplett gefroren ist, das Eis im Block vom Blech oder aus der Form lösen und je nach gewünschter Größe in 9–12 gleichmäßige Riegel schneiden.

Die Eisriegel sofort servieren oder in einem gefriertauglichen Behälter bis zu 1 Monat im Gefrierschrank aufbewahren.

Cookies und Brownies

In jede Küche gehört ein Vorrat an köstlichen Naschereien, auf die man zurückgreifen kann, wenn Freunde oder Familie zu Besuch kommen. No-Bake-Kekse, Cookies und Brownies zählen zu den einfachsten Genüssen, die Naschkatzen glücklich machen.

Jeder weiß einen guten Plätzchenteig zu schätzen, und Kekse aus rein pflanzlichen Zutaten lassen sich direkt aus der Schüssel essen, anders als die eihaltigen Verwandten, die erst gebacken werden müssen.

Von Brownies mit zweierlei Schokolade (siehe Seite 105) über Weiße-Schokoladen-Blondies mit Erdbeeren (siehe Seite 106) bis zu Schokoladen-Cookies (siehe Seite 102) und Erdnussbutterkeksen (siehe Seite 98) – diese kleinen Verlockungen aus der Welt der Cookies und Brownies erfordern kaum Zeit und Mühe, doch in Geschmack und Konsistenz sind sie ganz groß.

Erdnussbutterkekse

Mit diesem Rezept lassen sich ohne großen Aufwand und ohne auch nur den Ofen einzuschalten lockere mürbe Kekse mit kräftigem Erdnussbuttergeschmack »backen«. Sie können sie zusätzlich in flüssige Schokolade tunken, das verleiht diesem Evergreen eine raffinierte Facette.

ERGIBT 15–20 KEKSE

KEKSE

125 g gerösteter Buchweizen oder roher Buchweizen, nach der Anleitung auf Seite 21 geröstet

180 g Hafermehl (glutenfrei, falls gewünscht; siehe Anmerkung)

¼ TL Salz

1 Prise gemahlener Zimt

knapp 200 g grobe Erdnussbutter

120 ml Ahornsirup

1 EL Mandelmilch

GARNITUR

geröstete gesalzene Erdnusskerne, gehackt

Erdnussbutter

Den Buchweizen im Mixer mit der Impulstaste fein zermahlen und in eine große Schüssel umfüllen. Das Hafermehl, das Salz und den Zimt dazugeben und alles gut vermengen.

In einer weiteren Schüssel die Erdnussbutter, den Ahornsirup und die Mandelmilch mit dem Schneebesen glatt rühren. Die Mischung anschließend zu den trockenen Zutaten in die Schüssel gießen.

Die Zutaten zunächst mit einem Gummispatel vermengen, dann mit den Händen zu einem homogenen Teig verkneten.

Den Teig mit einer Teigrolle zwischen zwei Lagen Backpapier etwa 1,25 cm dick ausrollen und mit einem Ausstechring (5 cm Ø) etwa 20 Kekse ausstechen – Sie können auch größere Kekse ausstechen, dann werden es ein paar weniger.

Die Erdnussbutterkekse für 1 Stunde zum Festwerden in den Kühlschrank stellen. Anschließend mit gehackten Erdnüssen und etwas Erdnussbutter beliebig garnieren und genießen.

In einem fest verschlossenen Behälter im Kühlschrank halten sich die Kekse bis zu 1 Woche.

Anmerkung

Sie können Hafermehl auch selbst herstellen, in dem Sie einfach Haferflocken im Mixer fein zermahlen.

Macadamia-Pistazien-Plätzchen mit weißer Schokolade

Diese kernigen Plätzchen sind ganz einfach und werden durch subtile Aromen von Tahin, Kokoszucker und Vanille abgerundet. Sie können für dieses Rezept meine selbst gemachte Weiße Schokolade mit Vanille und Lucuma (siehe Seite 126) verwenden oder gekaufte weiße vegane Schokolade, wenn Ihnen das lieber ist.

ERGIBT ETWA 15 PLÄTZCHEN

PLÄTZCHEN

100 g weiße vegane Schokolade, wie die selbst gemachte Weiße Schokolade mit Vanille und Lucuma (siehe Seite 126)

30 g ungesalzene Pistazienkerne

50 g Macadamianüsse

200 g Haferflocken (glutenfrei, falls gewünscht)

95 g Kokoszucker (siehe Anmerkung)

¼ TL rosa Himalaya-Salz

85 g Cashewbutter

1 TL Vanillepaste

1 EL Tahin (Sesammus)

60 ml Vanille-Sojamilch

GARNITUR

60 g weiße vegane Schokolade, wie die selbst gemachte Weiße Schokolade mit Vanille und Lucuma (siehe Seite 126), gehackt

Für den Plätzchenteig die weiße Schokolade, die Pistazien und die Macadamianüsse in kleine Stücke hacken, in eine Schüssel geben und in den Gefrierschrank stellen. Das stabilisiert die Schokolade, sodass sie nicht schmilzt, wenn sie unter den Teig gemischt wird.

In einem leistungsstarken Standmixer Haferflocken, Kokoszucker und Salz im Mixer einige Minuten zermahlen, bis die Mischung von mehlähnlicher Konsistenz ist. In eine große Schüssel umfüllen und beiseitestellen.

In einer kleineren Schüssel Cashewbutter, Vanillepaste, Tahin und Vanille-Sojamilch mischen und mit einem Schneebesen glatt schlagen. Die Masse zu den trockenen Zutaten in die Schüssel geben, mit einem Gummispatel untermischen und dann mit den Händen durchkneten, bis alles gleichmäßig vermengt ist.

Die gehackte weiße Schokolade, die Pistazien und die Macadamianüsse hinzufügen und erneut kneten, bis sämtliche Zutaten gleichmäßig eingearbeitet sind.

Zum Abstechen und Portionieren der Plätzchen einen Eisportionierer verwenden. Die Masse fest hineinpressen, damit sie bindet, und auf ein mit Backpapier bedecktes Blech setzen. In dieser Weise sämtlichen Teig verarbeiten; die etwa 15 Plätzchen anschließend mit einer Gabel flach drücken und formen.

Die Plätzchen für 1 Stunde in den Gefrierschrank stellen.

Inzwischen die weiße Schokolade zum Garnieren im heißen Wasserbad schmelzen. Die Plätzchen zur Hälfte in die geschmolzene Schokolade tauchen und auf ein Gitter oder ein mit Backpapier bedecktes Blech setzen, bis die Schokolade ausgehärtet ist.

Die Plätzchen halten sich in einem fest verschlossenen Behälter im Kühlschrank bis zu 1 Woche.

Anmerkung

Kokoszucker, auch Kokosblütenzucker genannt, hat ein kräftiges Karamellaroma und ist im Süßegrad vergleichbar mit braunem Zucker, jedoch weniger stark behandelt als Zuckerraffinade. Ich verwende ihn gern für Kekse und Gebäckböden. Auch ist er mein bevorzugtes Süßungsmittel für Schokolade, da flüssige Süßstoffe oft die Konsistenz beeinträchtigen.

Schokoladen-Cookies

Dies sind wahrscheinlich die einfachsten Schokoladen-Cookies, die Sie jemals »backen« werden. Man rührt sie schlicht und einfach in einer Schüssel zusammen, es sind keine weiteren Geräte erforderlich, weder Küchenmaschine noch Mixer und schon gar nicht der Ofen. Maximaler Geschmack bei minimalem Aufwand, wenn das kein Win-Win ist!

ERGIBT 12 COOKIES

- 180 g Hafermehl (glutenfrei, falls gewünscht)
- 75 g Mandelmehl oder gemahlene Mandeln
- ½ TL rosa Himalaya-Salz
- 130 g Cashewbutter
- 120 ml Ahornsirup
- 2 TL Vanilleextrakt
- 125 g vegane Chocolate Chips

In einer großen Schüssel das Hafermehl, das Mandelmehl oder die gemahlenen Mandeln und das Salz verrühren, bis alle Zutaten gleichmäßig vermengt sind.

In einer weiteren Schüssel die Cashewbutter, den Ahornsirup und den Vanilleextrakt mit dem Schneebesen zu einer pastösen Masse verschlagen. Diese zu den trockenen Zutaten in die Schüssel geben und alles mit einem Gummispatel zu einem Teig verarbeiten (oder den Teig mit den Händen kneten).

Zuletzt die Chocolate Chips hinzufügen und von Hand in den Teig einarbeiten. Dabei darauf achten, dass die Schokostücke möglichst gleichmäßig untergemischt werden. Den Teig zu einer Kugel formen und für 1 Stunde in den Kühlschrank stellen.

Ein Backblech mit Backpapier belegen. Mit einem Eisportionierer 12 Cookies aus dem Teig abstechen, auf das Blech setzen und mit einer Gabel ein dekoratives Kreuzmuster hineindrücken.

Die Cookies kann man in einem fest verschlossenen Behälter im Kühlschrank bis zu 1 Woche aufbewahren.

Brownies mit zweierlei Schokolade

Glutenfrei

No-Bake-Brownies sind meine Lieblings-Brownies, weil sie so schön einfach und gehaltvoll sind. Sie waren eines der ersten Gebäckrezepte ohne Ofen, die ich ausprobiert habe. Seither habe ich sie bestimmt schon hundert Mal gemacht, in zig verschiedenen Variationen. Da sie nicht gebacken werden, kann man die Zutaten beliebig austauschen, ohne einen Fehlschlag zu riskieren! Um für Abwechslung zu sorgen, experimentiere ich gern mit allen möglichen Nussbuttersorten.

ERGIBT 12 BROWNIES

BROWNIES

235 g Walnusskerne

25 g Kakaopulver

¼ TL rosa Himalaya-Salz

8 Medjool-Datteln, entsteint

2 EL Mandelbutter

½ TL Vanillepaste

60 g weiße vegane Schokolade, wie die selbst gemachte Weiße Schokolade mit Vanille und Lucuma (siehe Seite 126)

60 g vegane Milch- oder Bitterschokolade, wie die selbst gemachte Helle Schokolade mit Cashews und Lucuma (siehe Seite 122)

GARNITUR

12 Pekannusskerne

Die Walnüsse, das Kakaopulver und das Salz im Mixer mit der Impulstaste zermahlen, bis die Mischung von krümeliger Konsistenz ist. Datteln, Mandelbutter und Vanillepaste dazugeben und erneut mixen, bis sich die Zutaten zu einer teigartigen Masse verbunden haben.

Die beiden Schokoladensorten grob in Stücke hacken, zu den anderen Zutaten in den Mixer geben und mit der Impulstaste 30 Sekunden in den Brownieteig einarbeiten. Die Masse sollte wie ein Teig zusammenkleben, wenn man sie mit den Fingern zusammendrückt.

Den Brownieteig auf die Arbeitsfläche geben und zwischen zwei Lagen Backpapier zu einem etwa 2 cm dicken Rechteck ausrollen (oder den Teig in eine mit Backpapier ausgelegte Backform mit 16,5 × 16,5 cm geben und mit einem Gummispatel gleichmäßig hineinpressen).

Mit einer Messerspitze zwölf Rechtecke »vorzeichnen«. Die Pekannüsse mittig darauf verteilen und für 1 Stunde in den Kühlschrank stellen. Anschließend in Brownies schneiden.

Die Brownies halten sich in einem fest verschlossenen Behälter im Kühlschrank bis zu 5 Tage.

Weiße-Schokoladen-Blondies mit Erdbeeren

Falls Ihnen nach einer sommerlichen Version ungebackener Brownies zumute ist, dann sind Sie hier genau richtig. Gefriergetrocknete Erdbeeren sorgen bei dieser No-Bake-Variante für einen fruchtig-süßen Einschlag.

ERGIBT 16 KLEINE BLONDIES

- 135 g Hafermehl (glutenfrei, falls gewünscht)
- 95 g Mandelmehl oder gemahlene Mandeln
- ½ TL rosa Himalaya-Salz
- 120 ml Ahornsirup
- 130 g Mandelbutter
- 1 TL Vanilleextrakt
- 1 TL gefriergetrocknete Erdbeeren
- 115 g weiße vegane Schokolade, wie die selbst gemachte Weiße Schokolade mit Vanille und Lucuma (siehe Seite 126), gehackt

In einer großen Schüssel Hafermehl, Mandelmehl oder gemahlene Mandeln und Salz gründlich vermengen. In einer zweiten, kleineren Schüssel den Ahornsirup mit der Mandelbutter und dem Vanilleextrakt zu einer glatten Masse verschlagen.

Die feuchte Masse zu den trockenen Zutaten in die Schüssel geben und alles mit einem Gummispatel zu einem homogenen Teig verarbeiten. Den Teig anschließend noch von Hand kneten, um die Zutaten möglichst gleichmäßig zu verteilen.

Zuletzt die gefriergetrockneten Erdbeeren und die gehackte Schokolade dazugeben und gleichmäßig unter den Teig kneten. Den Teig zu einer Kugel formen und zugedeckt für 1 Stunde in den Kühlschrank stellen.

Den Teig mit einer Teigrolle zwischen zwei Lagen Backpapier zu einem etwa 2 cm dicken Rechteck ausrollen und in 16 Blondies schneiden.

Die Blondies kann man in einem fest verschlossenen Behälter im Kühlschrank bis zu 5 Tage aufbewahren.

Cupcakes und Donuts

Klassische Geschmackskombinationen, originell und ganz unkonventionell umgesetzt und serviert. Das Schöne beim Besuch eines Donut- oder Cupcake-Ladens ist die große Auswahl und Vielfalt der angebotenen Sorten. Cupcakes und Donuts bieten faszinierende Möglichkeiten, das süße Verlangen in einem Snack oder Happen zu komprimieren.

Von Banoffee-Cupcakes mit Salzkaramell, süßen Bananen und Kokoscreme (siehe Seite 111) bis hin zu Kürbis-Donuts mit Kaffeearoma (siehe Seite 119): Diese einfachen Leckereien sind die perfekte Nascherei für unterwegs oder zu einem Tässchen Kaffee oder Tee.

Banoffee-Cupcakes

Diese Cupcakes bieten an Geschmack und Konsistenz das volle Programm der klassischen englischen Banoffee-Pie, und das in einer Version aus rein pflanzlichen und vollwertigen Zutaten. Sie werden mit einer meiner Lieblingsüberraschungen gefüllt – süße Maca-Karamellsauce, von der Sie mehr oder weniger hinzufügen können, je nachdem, wie süß Sie es mögen.

ERGIBT 8 CUPCAKES

CREMEHÄUBCHEN

1 Dose gekühlte Kokosmilch (400 ml; nur der dicke Rahm wird benötigt)

1 EL Ahornsirup

1 TL Vanilleextrakt

BASIS

60 g Walnusskerne

100 g Haferflocken (glutenfrei, falls gewünscht)

50 g Mandelmehl oder gemahlene Mandeln

1 Prise rosa Himalaya-Salz

1 Medjool-Dattel, entsteint

1 kleine Banane

FÜLLUNG

40 g Salziger Maca-Karamell (siehe Seite 149)

GARNITUR

geriebene dunkle vegane Schokolade

½ Banane,

Saft von ½ Zitrone

Für die Cremehäubchen sämtliche Zutaten in eine große Schüssel geben und mit dem elektrischen Handrührgerät verrühren, bis die Masse dick und glatt ist. Die Creme in einen Spritzbeutel mit offener Sterntülle füllen, das obere Ende mit einem Gummiband verschließen und für 1 Stunde in den Kühlschrank legen.

Für die Basis Walnüsse, Haferflocken, Mandelmehl oder gemahlene Mandeln und Salz im Mixer zu feinem Mehl zermahlen. Die Dattel und die Banane dazugeben und 1 weitere Minute mixen, bis sich die Zutaten zu einem Teig verbunden haben.

Den Teig in acht Portionen teilen und zu Bällchen formen. Die Bällchen in ein mit Papierförmchen bestücktes Cupcake- oder Muffin-Blech setzen und jeweils in der Mitte mit dem Finger eine Mulde für die Füllung hineindrücken.

Die Cupcakes mit je 1 TL Maca-Karamell füllen, mit dem Spritzbeutel ein Cremehäubchen auftragen und dieses mit geriebener Schokolade bestreuen.

Für die Garnitur die Banane in Scheiben schneiden und in einer Schüssel rundherum in dem Zitronensaft wenden, damit sie nicht braun anlaufen. Die Scheiben mit Küchenpapier trocken tupfen und dekorativ auf den Cupcakes arrangieren. Die Cupcakes aus den Papierförmchen lösen und servieren.

Die Cupcakes in einem fest verschlossenen Behälter im Kühlschrank aufbewahren und innerhalb von 2–3 Tagen verzehren.

„No-Bakewell"-Kirschtörtchen

Glutenfrei

Wer in Irland oder Großbritannien aufgewachsen ist, kennt diese Törtchen vermutlich bereits aus der Kindheit. Die Frangipani-Cremefüllung schmeckt wie Marzipan und passt bestens zu Kirschdesserts. Dank Zuckerguss sind die Cupcakes süß wie das Original, Sie können ihn aber auch sparsamer auftragen oder ganz weglassen, wenn Sie Zuckerverzicht üben möchten.

ERGIBT 6 CUPCAKES

BASIS

Kokosöl oder Olivenöl zum Einfetten

195 g Mandelmehl oder gemahlene Mandeln, mehr für die Formen

50 g Kokoszucker

1 Prise rosa Himalaya-Salz

2 ½ EL Kokosöl (im festen Zustand)

KIRSCHKONFITÜRE

155 g Kirschen, halbiert und entsteint

60 ml Ahornsirup

1 TL Maisstärke

CREMEFÜLLUNG

50 g Mandelmehl oder gemahlene Mandeln

1 TL Mandelextrakt

1 TL Vanilleextrakt

ZUCKERGUSS

120 g Puderzucker

Saft von ½ Zitrone

½ TL Vanilleextrakt

2 EL Mandelmilch

1 EL Kokosöl (im festen Zustand)

GARNITUR

6 frische Kirschen mit Stiel

Ein Muffin-Blech mit sechs Vertiefungen mit Kokos- oder Olivenöl einfetten, damit die Cupcakes nicht kleben. Anschließend mit etwas Mandelmehl oder gemahlenen Mandeln ausstreuen und den Überschuss ausleeren. Eine Lage Backpapier in schmale Streifen schneiden und jeweils zwei Streifen über Kreuz in die Formen einlegen – sie dienen später als Henkel zum leichteren Herauslösen der Cupcakes.

Zunächst für die Konfitüre die Kirschen und den Ahornsirup mit 60 ml Wasser in einem Topf vermengen und 10–15 Minuten köcheln lassen, bis die Kirschen weich sind und die Sauce eingedickt ist. Die Maisstärke dazusieben, unterrühren und weitere 2–3 Minuten unter ständigem Rühren garen. Vom Herd nehmen und 15 Minuten abkühlen lassen.

Inzwischen für die Basis Mandelmehl oder gemahlene Mandeln, Kokoszucker und Salz im Mixer zu feinem Mehl zermahlen. Das Kokosöl und ½ TL Wasser dazugeben und einige weitere Minuten mixen, bis sich die Zutaten allmählich zu einem Teig verbinden.

Den Teig auf die sechs vorbereiteten Formen verteilen und gleichmäßig an Boden und Rändern andrücken, sodass in der Mitte ein Hohlraum für die Füllung entsteht.

Die Cupcakes mit je etwa 2 TL der Konfitüre füllen und in den Kühlschrank stellen.

Für die Frangipani-Cremefüllung alle Zutaten im Mixer zu einer Creme verarbeiten. Diese über die Kirschkonfitüre in die Törtchen füllen, mit einem Messer glatt streichen und die Cupcakes wieder in den Kühlschrank stellen.

Für den Zuckerguss Puderzucker, Zitronensaft, Vanilleextrakt und Mandelmilch im Mixer verarbeiten, bis die Mischung glatt ist. Nach und nach mit der Impulstaste das Kokosöl einarbeiten, jedoch nicht übermäßig lange mixen, sonst flockt der Guss aus.

Die Törtchen aus den Formen lösen, auf ein Gitter setzen und mit dem Zuckerguss überziehen. Mit je 1 Kirsche garnieren, kurz trocknen lassen und servieren.

In einem fest verschlossenen Behälter im Kühlschrank halten sich die »No-Bakewells« 3–4 Tage.

Donuts mit Salzkaramell

Karamell und Salz ist eine dieser Kombinationen, von denen ich nie genug kriegen kann. Diese süß-salzigen Donuts sind voller Saft und Kraft, der ideale Snack für unterwegs.

ERGIBT 6–8 DONUTS

DONUTS

100 g Haferflocken (glutenfrei, falls gewünscht)

75 g Cashewkerne

1 EL (9 g) Maca-Pulver

¼ TL rosa Himalaya-Salz

2 EL Salziger Maca-Karamell (siehe Seite 149)

1 EL Ahornsirup

3 Medjool-Datteln, entsteint

GLASUR

2 EL Kokosöl (im festen Zustand)

1 EL Ahornsirup

1 EL Cashewbutter

½ TL Vanilleextrakt

1 Prise rosa Himalaya-Salz

GARNITUR

geröstete Mandelblättchen

Kokoszucker

Salziger Maca-Karamell (siehe Seite 149; nach Belieben)

Für die Donuts Haferflocken, Cashewkerne, Maca-Pulver und Salz im Mixer zu Mehl zermahlen. Den Maca-Karamell, den Ahornsirup und die Datteln dazugeben und mixen, bis die Masse von teigartiger Konsistenz ist.

Die Masse in sechs bis acht Portionen teilen, zu Rollen formen und in eine Silikon-Donut-Form einlegen. (Falls Sie keine entsprechende Form haben, können Sie die Donuts auch von Hand formen.) Die Donuts für 30 Minuten in den Gefrierschrank stellen.

Inzwischen für die Glasur alle Zutaten in einer Schüssel über leicht siedendem Wasser verrühren und erhitzen, bis das Kokosöl geschmolzen ist. Die Mischung glatt rühren und aus dem Wasserbad nehmen.

Ein Blech oder einen Teller mit Backpapier belegen. Die Donuts aus der Form lösen und mithilfe von zwei Gabeln von einer Seite in die Glasur tauchen. Auf das Blech oder den Teller legen und für 10 Minuten in den Gefrierschrank stellen, bis die Glasur fest ist.

Sobald die Glasur fest geworden ist, die Donuts ein zweites Mal glasieren.

Die glasierte Seite mit gerösteten Mandelblättchen und Kokoszucker bestreuen und vor dem Servieren für weitere 5 Minuten in den Gefrierschrank stellen. Nach Belieben die Donuts mit etwas Maca-Karamell beträufeln.

Die Donuts halten sich in einem fest verschlossenen Behälter im Kühlschrank 3–5 Tage.

Donuts mit Zitronenglasur und Mohn

Zitrone und Mohn sind eine klassische Kombination. Dank des frischen Zitrusaromas schmecken diese Donuts wie ein gesunder Zitronenkuchen. Da sie weder Mehl noch Zucker enthalten, sind diese spritzigen No-Bake-Donuts tatsächlich viel gesünder als ihre herkömmlichen Verwandten.

ERGIBT 8 DONUTS

DONUTS

100 g Haferflocken (glutenfrei, falls gewünscht)

75 g Cashewkerne

¼ TL rosa Himalaya-Salz

abgeriebene Schale von 1 unbehandelten Zitrone

2 EL Cashewbutter

2½ EL Ahornsirup

1 TL Vanilleextrakt

1 EL Mohnsamen

GLASUR

2 EL Kokosöl (im festen Zustand)

1 EL Cashewbutter

1 EL Ahornsirup

1 EL frischer Zitronensaft

GARNITUR

Mohnsamen

Für die Donuts Haferflocken, Cashewkerne und Salz im Mixer zermahlen, bis die Mischung von mehlähnlicher Konsistenz ist. Zitronenschale, Cashewbutter, Ahornsirup und Vanilleextrakt dazugeben und weiter mixen, bis ein homogener Teig entstanden ist.

Den Teig in eine große Schüssel umfüllen, die Mohnsamen hinzufügen und unterkneten, bis sie gleichmäßig in dem Teig verteilt sind.

Den Teig in acht Portionen teilen, zu Rollen formen und in eine Silikon-Donut-Form einlegen. (Falls Sie keine entsprechende Form haben, können Sie die Donuts auch von Hand formen.) Die Donuts für 30 Minuten in den Gefrierschrank stellen.

Inzwischen für die Glasur alle Zutaten in einer Schüssel über leicht siedendem Wasser verrühren und erhitzen, bis das Kokosöl geschmolzen ist. Die Mischung glatt rühren und aus dem Wasserbad nehmen. Ein Blech oder einen Teller mit Backpapier belegen. Die Donuts aus der Form lösen und mithilfe von zwei Gabeln von einer Seite in die Glasur tauchen. Auf das Blech oder den Teller legen und für 10 Minuten in den Gefrierschrank stellen, bis die Glasur fest ist.

Sobald die Glasur fest geworden ist, die Donuts ein zweites Mal glasieren.

Die glasierte Seite mit einigen Mohnsamen bestreuen und vor dem Servieren noch einmal für 5 Minuten in den Gefrierschrank stellen.

Die Donuts halten sich in einem fest verschlossenen Behälter im Kühlschrank 3–5 Tage.

Kürbis-Donuts „Latte macchiato"

Dies sind mit Abstand meine Lieblings-Donuts. Um ihrem Namen gerecht zu werden, befindet sich sogar ein bisschen Kaffeepulver im Teig. Und wenn Sie auch noch Kürbis mögen, dann müssen Sie diese Donuts einfach probieren!

ERGIBT 6–8 DONUTS

DONUTS

100 g Haferflocken (glutenfrei, falls gewünscht)

75 g Cashewkerne

65 g Kokoszucker

1 TL *pumpkin spice* (Kürbisgewürzmischung, siehe Anmerkung)

2 TL lösliches Kaffeepulver

¼ TL rosa Himalaya-Salz

1 EL Kürbispüree

4 Medjool-Datteln, entsteint

1 TL Vanilleextrakt

GLASUR

1½ EL Kokosöl (im festen Zustand)

1 EL *coconut cream* (Kokoscreme) oder Kokosbutter

1 EL Ahornsirup

½ TL Vanilleextrakt

GARNITUR

Kokoszucker

Für die Donuts Haferflocken, Cashewkerne, Kokoszucker, *pumpkin spice*, Kaffeepulver und Salz im Mixer zermahlen, bis die Mischung von mehlähnlicher Konsistenz ist. Das Kürbispüree, die Datteln und den Vanilleextrakt dazugeben und alles zu einer teigartigen Masse pürieren.

Die Masse in sechs bis acht Portionen teilen, zu Rollen formen und in eine Silikon-Donut-Form einlegen. (Falls Sie keine entsprechende Form haben, können Sie die Donuts auch von Hand formen.) Die Donuts für 30 Minuten in den Gefrierschrank stellen.

Inzwischen für die Glasur alle Zutaten in einer Schüssel über leicht siedendem Wasser verrühren und erhitzen, bis das Kokosöl geschmolzen ist. Die Mischung glatt rühren und aus dem Wasserbad nehmen.

Ein Blech oder einen Teller mit Backpapier belegen. Die Donuts aus den Formen lösen und mithilfe von zwei Gabeln von einer Seite in die Glasur tauchen. Auf das Blech oder den Teller legen und für 10 Minuten in den Gefrierschrank stellen, bis die Glasur fest ist.

Sobald die Glasur fest geworden ist, die Donuts ein zweites Mal glasieren. Mit Kokoszucker bestreuen und vor dem Servieren noch einmal für 5 Minuten in den Gefrierschrank stellen.

Die Donuts halten sich in einem fest verschlossenen Behälter im Kühlschrank 3–5 Tage.

Anmerkung

Falls Sie kein *pumpkin spice* finden, können Sie es auch selbst herstellen: dazu 1 EL gemahlenen Zimt, 1 TL gemahlenen Ingwer, 1 TL frisch geriebene Muskatnuss, ½ TL gemahlenen Piment und ½ TL gemahlene Gewürznelken mischen.

Erlesene Schokolade

Wenn Sie schon immer mal Ihre eigene milchfreie Schokolade herstellen wollten oder noch kein entsprechendes Produkt im Handel gefunden haben, das Ihnen zusagt, dann nur hereinspaziert!

Schokoladenfans, ihr seid hier an der richtigen Adresse! Ich habe in den vergangenen Jahren mit einer ganzen Reihe verschiedener Zutaten experimentiert, um vegane Schokolade herzustellen. In diesem Kapitel erwartet Sie mein perfektes Rezept für eine cremige helle Schokolade (siehe Seite 122), eine zarte weiße Schokolade mit echter Vanille (siehe Seite 126) und eine leicht gesalzene dunkle Schokolade (siehe Seite 125).

Wenn Sie Schokolade selbst machen, sollten Sie unbedingt darauf achten, dass während des gesamten Herstellungsverfahrens keine Flüssigkeit in die Mischung gelangt. Schokoladenrezepturen basieren auf Fetten, die sich nicht gern mit Wasser mischen lassen. Gelangt Flüssigkeit hinein, gerinnt die Masse und Ihre schöne seidig glänzende Schokolade wird matt und klumpig. Zwar können Sie den Mix durch Zugabe weiterer Flüssigkeit wieder glätten, doch ist es dann eher eine Ganache oder ein Fudge und die Masse wird sich nicht verfestigen wie normale Schokolade.

Für mich sind Kakaobutter und Kakaomasse am besten geeignet, um köstliche vegane Schokolade herzustellen. Deren Qualität entscheidet darüber, wie gut das Ergebnis ausfällt; greifen Sie also zu Kakaoprodukten, die keine Zusätze wie Zucker oder Milch enthalten.

Damit die Tafeln aussehen wie ein Profiprodukt, verwende ich Silikonformen, die etwa 90 ml fassen.

Helle Schokolade mit Cashews und Lucuma

Glutenfrei

Wichtig bei der Verwendung von Kokoszucker ist, dass Sie ihn zunächst im Mixer zu einem feinen Pulver zermahlen, damit die Schokolade nicht körnig wird. Je feiner Sie ihn zermahlen, desto glatter und zarter gerät die Schokolade. Das Lucuma-Pulver sorgt für einen Hauch von Karamellaroma, und die Cashewbutter macht sie cremiger als herkömmliche Bitterschokolade.

ERGIBT ETWA 4 TAFELN (360 G)

220 g rohe Kakaobutter

75 g Kakaomasse

1½ EL Cashewbutter

65 g Kokoszucker

1 EL (8 g) Lucuma-Pulver (siehe Anmerkung)

¼ TL rosa Himalaya-Salz

Die Kakaobutter, die Kakaomasse und die Cashewbutter in eine mittelgroße hitzebeständige Schüssel geben und auf einen Topf mit leicht siedendem Wasser setzen. Die Zutaten bei mittlerer Temperatur behutsam erhitzen und ab und zu umrühren, bis sie geschmolzen sind. Die Schüssel aus dem Wasserbad nehmen.

Den Kokoszucker mit dem Lucuma-Pulver und dem Salz im Mixer zu einem feinen Pulver zermahlen. Je feiner das Pulver, desto glatter und cremiger wird die Schokolade. Das Pulver in die geschmolzene Kakaomischung sieben und sorgfältig unterrühren, bis die Masse glatt ist.

Die Schokolade in Silikonformen à 90 ml Volumen füllen, 5 Minuten abkühlen lassen und anschließend für 1 Stunde in den Gefrierschrank stellen, bis sie fest ist.

Die Schokolade nach 1 Stunde aus den Formen lösen.

Man kann sie in einem fest verschlossenen Behälter an einem kühlen Ort 3–4 Wochen aufbewahren.

Anmerkung

Lucuma-Pulver wird aus den sehr süßen goldgelben Früchten eines in den Anden beheimateten Baumes gewonnen, die bereits die Inkas aßen (darum auch »Gold der Inkas« genannt). Sie bekommen es im Bio-Laden.

Dunkle Schokolade mit Maca und Meersalz

Glutenfrei

Maca und Kokoszucker verleihen dieser Schokolade eine kräftige Karamellnote. Mit Meersalz abgerundet, ist diese süß-salzige Nascherei perfekt für alle, die ihre Schokolade ein wenig dunkler mögen.

ERGIBT ETWA 3 TAFELN (310 G)

110 g rohe Kakaobutter

110 g Kakaomasse

1 EL Kokosöl (im festen Zustand)

1 EL *creamed coconut* oder Kokosbutter (siehe Anmerkung)

65 g Kokoszucker

1 EL (9 g) Maca-Pulver

¼ TL Meersalz

Anmerkung

Creamed coconut (nicht zu verwechseln mit *coconut cream* – Kokoscreme) und Kokosbutter sind im Wesentlichen dasselbe. Beides wird aus dem getrockneten und gemahlenen Fruchtmark der Kokosnuss hergestellt, verleiht Schokolade ein angenehmes Aroma, dient als Bindemittel für Gebäckböden und lässt Käsekuchen besser fest werden.

Kakaobutter, Kakaomasse, Kokosöl und *creamed coconut* oder Kokosbutter in eine mittelgroße hitzebeständige Schüssel geben und auf einen Topf mit leicht siedendem Wasser setzen. Die Zutaten bei mittlerer Temperatur behutsam erhitzen und regelmäßig umrühren, bis sie geschmolzen sind und die Masse glatt ist.

Den Kokoszucker mit dem Maca-Pulver und dem Salz im Mixer zu feinem Pulver zermahlen. Je feiner das Pulver, desto glatter und cremiger die Schokolade. Das Pulver in die geschmolzene Kakaomischung sieben und sorgfältig unterrühren, bis die Masse glatt ist.

Die Schokolade in Silikonformen à 90 ml Volumen füllen, 5 Minuten abkühlen lassen und dann für 1 Stunde in den Gefrierschrank stellen, bis sie fest ist.

Die Schokolade aus den Formen lösen.

Man kann sie in einem fest verschlossenen Behälter an einem kühlen Ort 3–4 Wochen aufbewahren.

Weiße Schokolade mit Vanille und Lucuma

Glutenfrei

Ich habe mehrere Rezepte für weiße vegane Schokolade ausprobiert. Dieses hier ist der absolute Gewinner. Die unwiderstehliche Kombination aus Kakao-, Kokos- und Cashewbutter, delikater Vanille und süßem Lucuma macht diese Schokolade zur perfekten milchfreien Alternative.

ERGIBT ETWA 4 TAFELN (320 G)

220 g rohe Kakaobutter

1 EL *creamed coconut* oder Kokosbutter (siehe Anmerkung Seite 125)

1 EL Cashewbutter

Mark von ½ Vanilleschote

80 g Puderzucker

1 EL (8 g) Lucuma-Pulver (siehe Anmerkung Seite 122)

¼ TL rosa Himalaya-Salz

Kakaobutter, *creamed coconut* oder Kokosbutter, Cashewbutter und das Vanillemark in eine mittelgroße hitzebeständige Schüssel geben und auf einen Topf mit leicht siedendem Wasser setzen. Die Zutaten bei mittlerer Temperatur behutsam erhitzen und umrühren, bis alles geschmolzen und die Masse glatt ist. Die Schüssel aus dem Wasserbad nehmen.

Den Puderzucker, das Lucuma-Pulver und das Salz zur Kakaomischung in die Schüssel sieben und sorgfältig unterrühren, bis die Masse glatt ist.

Die Schokolade in Silikonformen à 90 ml Volumen füllen, 5 Minuten abkühlen lassen und anschließend für 1 Stunde in den Gefrierschrank stellen, bis sie fest ist.

Die Schokolade aus den Formen lösen.

Man kann sie in einem fest verschlossenen Behälter an einem kühlen Ort 3–4 Wochen aufbewahren.

Weiße Schokolade mit Pistazien

Glutenfrei

In Gesellschaft der richtigen Zutaten verwandelt sich Kakaobutter in eine köstliche vegane weiße Schokolade. Bei dieser Version kommen noch würzige Pistazien hinzu und sorgen für ganz besonders edlen Genuss. Wie edel er am Ende ist, darüber entscheidet auch die Qualität der Kakaobutter, die Sie verwenden. Sie sollte nach weißer Schokolade duften, wenn Sie die Packung öffnen.

ERGIBT ETWA 4 TAFELN (350 G)

220 g rohe Kakaobutter
80 g Puderzucker
½ TL Vanillepaste
2 EL Cashewbutter
¼ TL rosa Himalaya-Salz
30 g Pistazienkerne

Die Kakaobutter in einer großen hitzebeständigen Schüssel auf einen Topf mit leicht siedendem Wasser setzen und bei mittlerer Temperatur behutsam erhitzen, bis sie vollständig geschmolzen ist. Die Schüssel aus dem Wasserbad nehmen.

Den Puderzucker in die geschmolzene Kakaobutter sieben und sorgfältig unterrühren. Anschließend die Vanillepaste, die Cashewbutter und das Salz dazugeben und umrühren, bis die Masse ganz glatt und frei von Klümpchen ist.

Einige Pistazienkerne in den Silikonformen (à 90 ml Volumen) verteilen, den Rest gleichmäßig unter die Schokoladenmasse ziehen. Die Schokolade in die Formen füllen, dabei darauf achten, dass die Pistazien möglichst gleichmäßig verteilt werden.

Die Schokolade 5 Minuten abkühlen lassen und anschließend für 1 Stunde in den Gefrierschrank stellen, bis sie fest ist.

Die Schokolade aus den Formen lösen.

Man kann sie in einem fest verschlossenen Behälter an einem kühlen Ort 3–4 Wochen aufbewahren.

Festliche Anlässe

Ganz gleich, ob Sie eine entspannte Dinnerparty mit Freunden planen oder ob ein etwas förmlicheres Treffen mit Verwandten oder Kollegen ansteht – diese süßen Genüsse lassen keine Wünsche offen.

In meiner Jugend ergriff ich jede Gelegenheit, Desserts für unsere Familientreffen zu kreieren. Zu Weihnachten brachte ich meist eine Auswahl von drei oder vier Nachspeisen auf den Tisch, die ich voller Stolz auf großen, mit Puderzucker bestaubten Tellern präsentierte. Ich erinnere mich noch, wie schwer es mir fiel, mich auf eine einzige Geschmackskombination zu beschränken, sodass die Desserts immer aus einer Vielzahl von Elementen bestanden.

Auf den folgenden Seiten finden Sie vegane Versionen beliebter Klassiker wie Tiramisu (siehe Seite 135), Crème brûlée (siehe Seite 139) und Pochierte Birnen (siehe Seite 132), die Ihre Gäste begeistern werden.

Pochierte Birnen mit Kamille, Vanille und Karamell

Glutenfrei

Frische Birnen, langsam mit Kamille und Vanille in Kokosmilch gegart und mit süßer Karamellsauce übergossen. Passt hervorragend zu dem Vanilleeis mit Kamille auf Seite 78. Die Kombination aus heiß und kalt ist der Gipfel!

FÜR 4 PERSONEN

4 Birnen (Bosc und Concorde sind am besten geeignet)

1 Vanilleschote

1 Dose Kokosmilch (400 ml, Vollfettstufe)

2 EL Kokoszucker

6 Beutel Kamillentee

3 EL Salzige Vanille-Cashew-Butter (siehe Seite 145) oder Cashewbutter aus dem Handel

3 EL Ahornsirup

Die Birnen schälen, den Stiel nicht entfernen.

Die Vanilleschote längs aufschneiden, das Mark herausschaben und mitsamt der Schote in einen Topf geben. Kokosmilch, Kokoszucker und die Teebeutel hinzufügen und bei niedriger bis mittlerer Temperatur erhitzen.

Die Zutaten sorgfältig verrühren und die Birnen einlegen.

Die Birnen bei niedriger Temperatur etwa 1 Stunde unter dem Siedepunkt pochieren; die Kokosmilch darf nicht kochen, sonst besteht die Gefahr, dass sie gerinnt. Die Früchte ab und zu wenden, damit sie gleichmäßig garen.

Sobald die Birnen *al dente*, im Kern jedoch noch fest sind, den Topf vom Herd nehmen. Die Kokosmilch ist jetzt eingekocht und sämig dick. Die Birnen herausnehmen und beiseitestellen.

Die verbliebene Sauce durch ein feines Sieb in eine Schüssel passieren, dabei die Teebeutel und die Schote entfernen. Die Cashewbutter und den Ahornsirup dazugeben und sorgfältig unter die Karamellsauce rühren.

Die Birnen anrichten, mit der Karamellsauce überziehen und sofort servieren.

Tiramisu im Glas

Glutenfrei

Dieses in Portionsgläser geschichtete Tiramisu ist ideal für eine Dinnerparty. Es lässt sich am Vortag zubereiten, erfordert kein Backen und muss auch nicht lange fest werden. Jede Schicht ergänzt die nächste mit den klassischen Tiramisu-Aromen – Kaffee, Mascarpone, Kakao und Rum.

ERGIBT 4 GLÄSER (À 290 G)

CREME-TOPPING

1 Dose gekühlte Kokosmilch (400 ml; nur der dicke Rahm wird benötigt)

1 EL Ahornsirup

1 TL Vanilleextrakt

BASIS

235 g Walnusskerne

6 Medjool-Datteln, entsteint

1 Prise rosa Himalaya-Salz

1 EL lösliches Kaffeepulver

2 EL brauner Rum

MASCARPONE

1 Vanilleschote

350 g Seidentofu im Block

4 EL Ahornsirup

1 EL frischer Zitronensaft

1 EL Kokosöl (im festen Zustand)

120 ml gekühlte Kokosmilch (nur der dicke Rahm von einer 400-ml-Dose wird benötigt)

KAFFEESAUCE

2 TL lösliches Kaffeepulver

1 EL brauner Rum

2 TL Kakaopulver, plus mehr zum Garnieren

2 TL Mandelbutter

2 TL Ahornsirup

Für das Creme-Topping den dicken Kokosrahm mit dem Ahornsirup und dem Vanilleextrakt in einer großen Schüssel mit dem elektrischen Handrührgerät gleichmäßig vermengen. Die Creme in einen Spritzbeutel mit offener Sterntülle füllen, mit einem Gummiband verschließen und bis zur Verarbeitung in den Kühlschrank legen.

Für die Basis Walnusskerne, Datteln und Salz im Mixer grob verarbeiten. Das Kaffeepulver in einer Tasse mit 1 EL kochendem Wasser und dem Rum verrühren, die Mischung in den Mixer gießen und erneut mixen, bis alle Zutaten gleichmäßig vermengt sind. Die Mischung beiseitestellen, bis das Tiramisu geschichtet wird.

Für den Mascarpone die Vanilleschote längs aufschneiden, mit dem Messerrücken das Mark herausschaben und in einen leistungsstarken Standmixer geben. Die restlichen Zutaten hinzufügen und einige Minuten mixen, bis die Masse glatt ist. Beiseitestellen.

Für die Kaffeesauce das Kaffeepulver in einer kleinen Schüssel mit 1 EL kochendem Wasser und dem Rum verrühren. Die übrigen Zutaten hinzufügen und alles zu einer glatten Sauce vermengen.

Das Tiramisu in vier Gläser à etwa 290 g schichten (oder kleinere Gläser verwenden, wenn mehr Portionen erzielt werden sollen).

Zunächst die Hälfte der Basis in die Gläser verteilen, diese mit einer Schicht Mascarpone bedecken und jeweils 1 EL Kaffeesauce darübergeben. Diesen Vorgang wiederholen, sodass von jeder Komponente zwei Schichten vorliegen.

Mit dem Spritzbeutel das Creme-Topping auftragen und mit Kakaopulver bestauben.

Das Tiramisu hält sich in einem fest verschlossenen Behälter im Kühlschrank 2–3 Tage.

Anmerkung

Für eine alkoholfreie Variante ersetzen Sie den Rum einfach durch die halbe Menge Rumaroma.

Vanille-Karamell-Parfait mit salziger Karamellsauce

Glutenfrei

Dieses Parfait macht sich hervorragend zu Festlichkeiten oder auf einer Dinnerparty. Das Maca-Pulver intensiviert das Karamellaroma der Eiscreme. Die Karamellsauce bekommt, mit Erdnussbutter zubereitet, einen besonders kräftigen Geschmack; mit Cashewbutter fällt das Ergebnis etwas zurückhaltender aus.

ERGIBT 1 PARFAIT VON ETWA 30 CM LÄNGE

VANILLEEISCREME

220 g Cashewkerne (Trockengewicht)

1 Vanilleschote

1 Dose gekühlte Kokosmilch (400 ml; nur der dicke Rahm wird benötigt)

120 ml Ahornsirup

240 g Vanille-Sojajoghurt (oder reiner Sojajoghurt)

2 EL Kokosöl (im festen Zustand)

KARAMELLEISCREME

220 g Cashewkerne (Trockengewicht)

1 Dose gekühlte Kokosmilch (400 ml; nur der dicke Rahm wird benötigt)

120 ml Ahornsirup

120 g Vanille-Sojajoghurt (oder reiner Sojajoghurt)

5 Medjool-Datteln, entsteint

2 EL Kokosöl (im festen Zustand)

2 EL (18 g) Maca-Pulver

½ TL rosa Himalaya-Salz

SALZKARAMELLSAUCE

2 EL Cashewbutter oder Erdnussbutter

4 EL Ahornsirup

¼ TL rosa Himalaya-Salz

GARNITUR

grobes Meersalz oder Himalaya-Salz

Die Cashewkerne für das Vanille- und das Karamelleis vorbereiten. Dazu sämtliche Nüsse (440 g) mindestens 4 Stunden in kaltem Wasser einweichen, anschließend mit klarem Wasser abbrausen und abtropfen lassen. Oder mit kochendem Wasser bedecken und 1 Stunde weich werden lassen. Die eingeweichten Cashews in zwei Portionen teilen und getrennt verarbeiten.

Für das Vanilleeis die Vanilleschote der Länge nach aufschneiden, mit dem Messerrücken das Mark herausschaben und in einen leistungsstarken Standmixer geben. Alle anderen Zutaten für die Eiscreme, einschließlich einer Portion eingeweichte Cashewkerne, hinzufügen und auf hoher Stufe verarbeiten, bis die Masse glatt und cremig ist. Den Boden und die Ränder einer Kastenform (etwa 30 cm lang) mit Backpapier auskleiden und die Masse einfüllen. Die Form sanft auf die Unterlage schlagen, um Lufteinschlüsse zu entfernen. Für mindestens 1 Stunde in den Gefrierschrank stellen.

Nun sämtliche Zutaten für das Karamelleis, einschließlich der restlichen eingeweichten Cashewkerne, im Mixer verarbeiten, bis die Masse glatt ist. Die Form aus dem Gefrierschrank nehmen und die Karamellmasse vorsichtig über die Vanilleeisschicht gießen. Erneut etwaige Lufteinschlüsse herausklopfen und für weitere 6 Stunden oder über Nacht einfrieren.

Für die Karamellsauce alle Zutaten in einer Schüssel kräftig verschlagen, bis die Mischung homogen ist.

Das vollständig gefrorene Parfait aus der Form lösen, dazu die Form stürzen und sanft gegen die Unterseite klopfen. Kommt es nicht heraus, den Rand von außen mit einem feuchten, heißen Tuch anwärmen.

Das Parfait auf einer Platte anrichten und mit der Karamellsauce übergießen. Mit etwas Meersalz oder Himalaya-Salz bestreuen und in Scheiben schneiden.

Das Eis sofort servieren. Reste in einem fest verschlossenen Behälter gleich wieder einfrieren.

Crème brûlée mit Kardamom, Vanille und Clementinen

Glutenfrei

Crème brûlée ist meiner Meinung nach ein völlig unterschätztes Dessert. Diese Version ist nicht nur milch- und eifrei, ich habe sie auch mit Kardamom und Clementine aufgepeppt, um ihr einen zitrusfrischen Anstrich zu verleihen. Die Cremes werden am besten frisch serviert, Sie können die Cremmasse jedoch vorbereiten und im Kühlschrank aufbewahren. Denken Sie aber dran: Der Zucker zum Karamellisieren kommt erst kurz vor dem Servieren darüber.

ERGIBT 2 GROSSE ODER 3 KLEINE CRÈMES BRÛLÉES

CREME

1 Vanilleschote

1 Dose Kokosmilch (400 ml, Vollfettstufe)

abgeriebene Schale von 2 unbehandelten Clementinen

10 Kardamomkapseln, zerstoßen

80 ml Ahornsirup

2½ EL Maisstärke, durchgesiebt

GARNITUR

feiner Zucker

Die Vanilleschote der Länge nach aufschneiden, das Mark herausschaben und mit der Schote in einen Topf geben. Kokosmilch, Clementinenschale, Kardamom und Ahornsirup hinzufügen und alles bei niedriger Temperatur 5 Minuten sanft erwärmen.

Die Mischung durch ein feines Sieb passieren, um die Vanilleschote, die Clementinenschale und die Kardamomkapseln wieder zu entfernen. Die Vanillemilch zurück in den Topf gießen.

Die Maisstärke in einer Schüssel mit 4 EL der heißen Vanillemilch zu einer pastösen Masse verschlagen. Diese unter die restliche Flüssigkeit rühren, die Mischung zum Kochen bringen und unter ständigem Schlagen 5 Minuten garen, bis die Stärke gebunden hat.

Die Creme in zwei große oder drei kleine Förmchen (à 240 ml bzw. 160 ml Inhalt) gießen, 15 Minuten abkühlen lassen und anschließend für mindestens 12 Stunden in den Kühlschrank stellen, bis sie fest ist.

Unmittelbar vor dem Servieren die Crèmes gleichmäßig mit etwas Zucker bestreuen und mit einer Lötlampe (oder unter dem Backofengrill) goldbraun karamellisieren.

Die Crèmes brûlées sofort servieren.

Must-Haves

Vervollständigen Sie Ihre vegane Speisekammer mit diesen schmackhaften und vielseitig einsetzbaren Aufstrichen.

Von milchfreiem »Notella« (siehe Seite 142) über Erdbeerkonfitüre mit Vanille (siehe Seite 146) bis zu Salzigem Maca-Karamell (siehe Seite 149) – diese Rezepte sind die perfekte Ergänzung Ihrer No-Bake-Desserts und das i-Tüpfelchen auf Eiscreme oder Frühstücksmüsli.

Die Zubereitungen lassen sich übrigens ausbauen und als Grundkomponenten für viele andere Rezepte in diesem Buch verwenden, etwa für die Ferrawro-Trüffel auf Seite 45, die mit meinem Notella gefüllt werden, oder die Banoffee-Cupcakes auf Seite 111, die im Kern eine Überraschung aus Salzigem Maca-Karamell verbergen.

Nussnugatcreme „Notella"

Glutenfrei

Als Kind habe ich die uns allen bekannte Nussnugatcreme geliebt. Leider ist das Original voller Milchprodukte und Zucker. Meine Version ist gesünder und schmeckt nicht weniger gut. Genießen Sie mein »Notella« auf Toast, als kleines Extra zu Desserts, Eiscreme oder Haferbrei. Oder schlecken Sie es einfach direkt aus dem Glas!

ERGIBT 1 GLAS (ETWA 400 G)

135 g Haselnusskerne

120 ml Haselnussmilch

50 g Kokoszucker

75 g helle vegane Schokolade, wie die selbst gemachte Helle Schokolade mit Cashews und Lucuma (siehe Seite 122)

1 EL Kokosöl (im festen Zustand)

¼ TL rosa Himalaya-Salz

½ TL Vanillepaste

Eine Pfanne bei mittlerer Temperatur erhitzen. Die Haselnüsse hineingeben und etwa 5 Minuten sanft rösten, bis sie leicht gebräunt sind. Dabei alle 30 Sekunden durchschwenken oder umrühren, damit sie gleichmäßig rösten.

Die gerösteten Haselnüsse in den Mixer geben und mit der Impulstaste zu einer dickflüssigen Haselnussbutter verarbeiten. Je nach Leistungsstärke des Mixers kann das zwischen 5 und 15 Minuten dauern. Zwischendurch immer wieder den Becherrand säubern, damit alles gleichmäßig zerkleinert und die Masse homogen wird. Die Haselnussbutter nicht ausleeren, später kommen noch die anderen Zutaten hinzu.

In einem Topf die Haselnussmilch und den Kokoszucker bei niedriger bis mittlerer Temperatur erhitzen, bis sich der Zucker vollständig aufgelöst hat. Den Topf vom Herd nehmen, die Schokolade hineingeben und unter Rühren auflösen.

Die Schokomischung langsam über die Haselnussbutter in den Mixer gießen und mixen, bis sie eingearbeitet ist. Kokosöl, Salz und die Vanillepaste dazugeben und ebenfalls untermixen.

Das Notella in ein Schraubglas füllen und fest verschließen.

Für ein extracremiges Notella die Creme vor dem Servieren mit dem elektrischen Handrührgerät durchrühren.

Für eine cremige, seidige Konsistenz die Creme bei Raumtemperatur lagern und innerhalb weniger Tage aufbrauchen.

Im Kühlschrank hält sie sich einige Wochen.

Salzige Cashewbutter mit Vanille

Glutenfrei

Ich mache meine Nussbutter gewöhnlich selbst, das ist erstens günstiger, und zweitens schmeckt sie auch besser. Und Sie können kreativ werden, indem Sie weitere Aromen ins Spiel bringen wie bei dieser gesalzenen Cashewbutter mit Vanille. Sie können sie in einem herkömmlichen Standardmixer oder in einem leistungsstarken Standmixer zubereiten.

ERGIBT 1 GLAS (ETWA 250 G)

220 g Cashewkerne
1 Vanilleschote
1 EL Kokosöl (im festen Zustand)
2 TL Ahornsirup
¼ TL Meersalz

Eine Pfanne bei mittlerer Temperatur erhitzen. Die Cashewkerne darin 5 Minuten rösten, bis sie leicht gebräunt sind. Gelegentlich durchschwenken oder umrühren. Achtgeben, dass sie nicht verbrennen.

Die gerösteten Nüsse im Mixer zu einer buttrigen Masse verarbeiten. Je nach Leistungsstärke des Mixers kann das zwischen 5 und 15 Minuten dauern. Zwischendurch regelmäßig den Becherrand säubern, damit die Masse homogen wird.

Die Vanilleschote längs aufschneiden, mit dem Messerrücken das Mark herausschaben und in die Cashewbutter geben. Kokosöl, Ahornsirup und Salz hinzufügen und erneut einige Minuten mixen, bis alles gleichmäßig vermengt und homogen ist.

Die Cashewbutter in ein Schraubglas füllen und fest verschließen.

Bei Raumtemperatur gelagert, innerhalb von 1 Woche verbrauchen.

Im Kühlschrank hält sie sich einige Wochen.

Erdbeerkonfitüre mit Vanille

Glutenfrei

Diese duftig-süße Erdbeerkonfitüre mit einem Hauch von Vanille ist eine meiner Lieblingssorten. Ich habe immer einen Vorrat davon im Kühlschrank, den ich für Desserts, Smoothies, Porridge oder pflanzlichen Joghurt verwende oder über Eiscreme genieße.

ERGIBT 1 GLAS (ETWA 340 G)

780 g TK-Erdbeeren
Saft von ½ Zitrone
1 Vanilleschote
60 g Kokoszucker
2 EL Chiasamen

In einem Topf die Erdbeeren mit 120 ml Wasser und dem Zitronensaft vermengen und bei mittlerer Temperatur zum Kochen bringen.

Inzwischen die Vanilleschote der Länge nach aufschneiden und das Mark herausschaben. Das Mark samt Schote sowie den Kokoszucker zu den Erdbeeren in den Topf geben.

Die Mischung gut umrühren, zum Kochen bringen und bei mittlerer Temperatur 30–40 Minuten garen, bis sie auf etwa die Hälfte eingekocht ist.

Die Chiasamen unterrühren und weitere 5 Minuten köcheln lassen. Vom Herd nehmen, die Vanilleschote entfernen und die Konfitüre abkühlen lassen.

Die vollständig abgekühlte Konfitüre in ein Schraubglas füllen und dieses fest verschließen.

Im Kühlschrank kann die Erdbeerkonfitüre bis zu 1 Woche aufbewahrt werden.

WECK

Salziger Maca-Karamell

Glutenfrei

Dieser supersimple Karamell wird aus nur einer Handvoll Zutaten und in weniger als ein paar Minuten zubereitet. Er erfordert kein spezielles Werkzeug, lässt sich im Kühlschrank aufbewahren und für jede Art von Desserts, Eiscreme, Porridge, Smoothies und vieles mehr verwenden. Probieren Sie mal die Banoffee-Cupcakes auf Seite 111, bei denen er als Füllung zum Einsatz kommt.

ERGIBT 1 GLAS (ETWA 290 G)

130 g Cashewbutter
120 ml Ahornsirup
3 EL (27 g) Maca-Pulver
½ TL rosa Himalaya-Salz
1 TL Vanilleextrakt

Sämtliche Zutaten in eine mittelgroße Schüssel geben und kräftig verschlagen, bis die Mischung ganz glatt und frei von Klümpchen ist.

Den Karamell in ein Schraubglas füllen und dieses fest verschließen.

Er kann im Kühlschrank bis zu 1 Woche aufbewahrt werden.

Cremiger Schokoaufstrich

Glutenfrei

Ein ultracremiger Schokoladenaufstrich, der wirklich ganz einfach geht. Schlicht alle Zutaten in einer Schüssel verschlagen – fertig. Es ist kein besonderer Schnickschnack erforderlich. Der Aufstrich schmeckt hervorragend zu Haferbrei, Eiscreme und allen möglichen Desserts.

ERGIBT 1 GLAS (ETWA 240 G)

60 g Vanille-Sojajoghurt (ersatzweise reiner Soja- oder Kokosjoghurt)

3 EL Cashewbutter

3 EL Kakaopulver, gesiebt

2 EL Ahornsirup

¼ TL Vanilleextrakt

1 Prise rosa Himalaya-Salz

Sämtliche Zutaten in eine Schüssel geben und kräftig verschlagen, bis die Creme ganz glatt und frei von Klümpchen ist.

Die Schokocreme in einem Schraubglas fest verschließen und im Kühlschrank aufbewahren. Den Schokoaufstrich innerhalb von 2–3 Tagen verbrauchen.

Danksagung

Mit diesem Buch ist für mich ein Traum in Erfüllung gegangen. Es ist das Ergebnis vieler langer Tage und Nächte, in denen ich geschrieben, Rezepte getestet, fotografiert und redigiert habe. All das wäre ohne die Hilfe vieler wunderbarer Menschen um mich herum nicht möglich gewesen. Dafür bin ich ihnen für immer dankbar.

Tom, danke für deine Unterstützung und dass du so tapfer ertragen hast, wenn ich mal wieder gestresst war. Außerdem für dein ehrliches Feedback zu den Rezepten und dein stets offenes Ohr im vergangenen halben Jahr, wann immer ich über das Buch gesprochen habe. Ich bin froh, dich an meiner Seite zu haben.

Sinead, danke für deine ermutigenden Worte während der vielen Tage und Nächte, die ich an diesem Buch gearbeitet habe. Ich stehe für immer in deiner Schuld, mit vielen weiteren köstlichen Genüssen und Desserts, ob es dir gefällt oder nicht!

Dank geht auch an meine Mutter: Mein unbändiger Schaffensdrang stammt eindeutig von dir. Ich muss so oft daran denken, wie du früher ständig selbst gewerkelt hast, ob Klavierspielen nach Gehör, Gärtnern oder Schreinern oder ob du Käfige für verletzte Vögel gebastelt hast, um sie später wieder auszuwildern. Danke, dass du uns allein großgezogen und in allen möglichen Jobs gearbeitet hast, damit es uns an nichts fehlte.

Dank an meinen Agenten Nick und die Kollegen von No Logo Media, die mich bei jedem Schritt begleitet haben. Danke, dass ihr mit mir zusammengearbeitet, mich beraten und mir geholfen habt, mich zu entfalten, und dieses Buch ermöglicht habt.

Dank an den engen Kreis meiner wunderbaren Freunde und »engagierten Verkoster«. Euer Feedback zu den Rezepten war Gold wert, um sie exakt so hinzubekommen.

Natürlich danke ich auch dem Team von Page Street, das mir diese großartige Gelegenheit ermöglicht hat, von der ich vor ein paar Jahren nur hätte träumen können. Danke für euer Know-how und die beharrliche Arbeit hinter den Kulissen, um dieses Buch zu realisieren.

Kayla, danke für all deine Ratschläge zu glutenfreien Zutaten, ganz zu schweigen von deinem fortwährenden Wohlwollen und deiner Unterstützung.

Ana, danke für den Platz in deinem Kühl- und Gefrierschrank und dass ich mir deine schöne Küche »ausborgen« durfte!

Danke an Matthew von MRN Photography für die tolle Bearbeitung der Aufnahmen.

Und ein Dankeschön an unsere Community von Followern und Unterstützern bei *Addicted to Dates*. Ohne euch wäre dieses Buch nie Realität geworden. Eure Unterstützung bleibt nie unbemerkt, und ich freue mich über jeden Kommentar, jede Nachricht, über Likes, Shares und Tags, über jede Empfehlung und jeden Besuch im Blog und über jeden, der meine Rezepte ausprobiert.

Über die Autorin

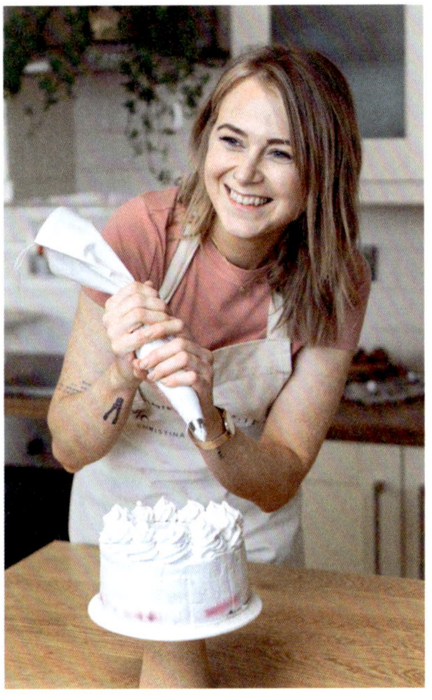

Christina Leopold ist Köchin, Autorin, autodidaktische Fotografin und Gründerin des Rezepte-Blogs und Instagram-Accounts *Addicted to Dates*.

Christina erwarb zunächst einen Abschluss in der Kochkunst; nachdem sie während ihrer Ausbildung in verschiedenen Küchen gearbeitet hatte, wurde ihr jedoch klar, dass die Gastroszene nichts für sie war. Stattdessen arbeitete sie im Verkauf, in der Buchhaltung und im Büromanagement, bevor sie sich in Vollzeit der Entwicklung von Rezepten und der Fotografie widmete.

Im Jahr 2015 wurde Christina Veganerin. Allerdings waren in ihrer Heimat, im ländlichen Irland der Grafschaften Cork und Kerry, vegane Optionen eher rar, also beschloss sie, wieder in die Küche zu gehen und selbst Rezepte zu entwickeln.

Da sie von montags bis freitags lange im Büro saß, verbrachte sie die Freitagabende in der Küche, während sie an den Wochenenden Rezepte für ihren Blog schrieb und fotografierte.

Mit dem Schwerpunkt auf gesunde, pflanzliche Zutaten und weitgehend naturbelassene Zuckersorten möchte *Addicted to Dates* Menschen in die Lage versetzen, klassische Süßspeisen in einfachen Rezepten zu realisieren, die meist nicht einmal einen Ofen erfordern. So möchte Christina vermitteln, wie man verschiedene Zutaten auf Pflanzenbasis als Teil einer veganen Lebensweise einsetzen kann.

Christina gibt regelmäßig Kochvorführungen auf regionalen VegFests, so auch auf dem Vegan Life Live 2019 in London. Sie reist gern zu Workshops und Demo-Shows.

Wenn Christina nicht gerade in ihrer Küche kreativ ist, engagiert sich die leidenschaftliche Tierschützerin ehrenamtlich für Tierschutzorganisationen und Auffangstationen für Tiere, die aus der industriellen Massentierhaltung befreit wurden.

Christinas Arbeiten wurden im *Thrive Magazine*, *Origin Magazine*, *Vegan Food & Living*, *feedfeed*, *Beautiful Cuisines*, *Best of Vegan* und *Vegan Bowls for Vegan Souls – A Coconut Bowls Cookbook* veröffentlicht. Sie können ihr unter @addictedtodates auf Instagram folgen.

Register

A

Agar-Agar

- Allgemein 17
- Apfeltarte mit Vanillecreme 18
- Erdbeertarte mit Vanille-Pannacotta 17
- Fruchtige Mango-Käsetorte 70
- Jaffa-No-Bakes 46
- Käsekuchen mit weißer Schokolade und Passionsfrüchten 55
- Käsetorte mit Erdnussbuttercreme und Himbeergelee 58
- Latte-macchiato-Tarte mit Kürbisfüllung 28
- Mojito-Tarte 33
- Zitronen-Baiser-Tarte 31

Apfelsaft

- Erdbeer-Käsekuchen-Eis 87
- Schokoladentarte mit Earl Grey und Brombeer-Coulis 23
- Schwarzwälder Kirschtorte 14

Apfeltarte mit Vanillecreme 18

Aquafaba

- Allgemein 32
- Honeycomb-Toffee-Eis 81
- Zitronen-Baiser-Tarte 31

B

Bananen

- Banoffee-Cupcakes 111
- Banoffee-Pie (Bananen-Karamell-Torte) 21

Banoffee-Cupcakes 111

Banoffee-Pie (Bananen-Karamell-Torte) 21

Beschwipstes Tiramisu-Eis 84

Blaubeeren

- Blaubeer-Zimt-Eis 91
- Käsekuchen mit Blaubeer- und Zitronencreme 61

Blaubeer-Zimt-Eis 91

Böden für …

- Banoffee-Pie (Bananen-Karamell-Torte) 21
- Cremige Pistazientarte 27
- Erdbeertarte mit Vanille-Pannacotta 17
- Fruchtige Mango-Käsetorte 70
- Käsekuchen mit Blaubeer- und Zitronencreme 61
- Käsekuchen mit weißer Schokolade und Passionsfrüchten 55
- Käsetorte »Turkish Delight« mit Rosenwasser 67
- Käsetorte mit Erdnussbuttercreme und Himbeergelee 58
- Kirsch-Käsekuchen 52
- Latte-macchiato-Tarte mit Kürbisfüllung 28
- Mojito-Tarte 33
- »No-Bakewell«-Kirschtörtchen 112
- Schoko-Keks-Käsekuchen 64
- Schokoladentarte mit Earl Grey und Brombeer-Coulis 23
- Zitronen-Baiser-Tarte 31

Brownies mit zweierlei Schokolade 105

Brownies

- Brownies mit zweierlei Schokolade 105
- Weiße-Schokoladen-Blondies mit Erdbeeren 106

Buchweizen

- Apfeltarte mit Vanillecreme 18
- Banoffee-Pie (Bananen-Karamell-Torte) 21
- Cremige Pistazientarte 27
- Erdnussbutterkekse 98
- Käsekuchen mit Blaubeer- und Zitronencreme 61
- Käsetorte mit Erdnussbuttercreme und Himbeergelee 58
- Schokoladentarte mit Earl Grey und Brombeer-Coulis 23
- Tvvix-Riegel 41
- Zitronen-Baiser-Tarte 31

C

Cashewbutter

- Beschwipstes Tiramisu-Eis 84
- Cremiger Schokoaufstrich 150
- Donuts mit Salzkaramell 115
- Donuts mit Zitronenglasur und Mohn 116
- Fruchtige Mango-Käsetorte 70
- Helle Schokolade mit Cashews und Lucuma 122
- Kirsch-Käsekuchen 52
- Macadamia-Pistazien-Plätzchen mit weißer Schokolade 101
- Salzige Cashewbutter-Toffees mit Vanille 49
- Salziger Maca-Karamell 149
- Salzkaramell-Schokoladen-Eis 74
- Schoko-Keks-Käsekuchen 64
- Schokoladen-Cookies 102
- Schokoladen-Karamell-Eis am Stiel 92
- Vanille-Karamell-Parfait mit salziger Karamellsauce 136
- Weiße Schokolade mit Pistazien 129
- Weiße Schokolade mit Vanille und Lucuma 126

Cashewkerne

- Allgemein 21
- Banoffee-Pie (Bananen-Karamell-Torte) 21
- Beschwipstes Tiramisu-Eis 84
- Blaubeer-Zimt-Eis 91
- Donuts mit Salzkaramell 115
- Donuts mit Zitronenglasur und Mohn 116
- Erdbeer-Käsekuchen-Eis 87
- Erdbeertarte mit Vanille-Pannacotta 17
- Jaffa-No-Bakes 46

Käsekuchen mit Blaubeer- und Zitronencreme 61
Käsekuchen mit weißer Schokolade und Passionsfrüchten 55
Käsetorte »Turkish Delight« mit Rosenwasser 67
Käsetorte mit Erdnussbuttercreme und Himbeergelee 58
Kirsch-Käsekuchen 52
Kürbis-Donuts »Latte macchiato« 119
Latte-macchiato-Tarte mit Kürbisfüllung 28
Salzige Cashewbutter mit Vanille 145
Schoko-Keks-Käsekuchen 64
Schoko-Kirsch-Eis 88
Schokoladen-Karamell-Eis am Stiel 92
Schokoladentarte mit Earl Grey und Brombeer-Coulis 23
Vanilleeis mit Kamille 78
Vanilleeis-Riegel im Keksteig 95
Vanille-Karamell-Parfait mit salziger Karamellsauce 136

Chiasamen

Erdbeerkonfitüre mit Vanille 146
Jammy Wagon Wheels – Cremegefüllte »Wagenrad«-Kekse 42

Chocolate Chips

Käsetorte »Turkish Delight« mit Rosenwasser 67
Schoko-Keks-Käsekuchen 64
Schokoladen-Cookies 102

Cookies & Co.

Erdnussbutterkekse 98
Jaffa-No-Bakes 46
Jammy Wagon Wheels – Cremegefüllte »Wagenrad«-Kekse 42
Macadamia-Pistazien-Plätzchen mit weißer Schokolade 101
Schokoladen-Cookies 102

creamed coconut

Allgemein 125
Dunkle Schokolade mit Maca und Meersalz 125
Kürbis-Donuts »Latte macchiato« 119

Crème brûlée mit Kardamom, Vanille und Clementinen 139

Cremige Pistazientarte 27

Cremiger Schokoaufstrich 150

Cupcakes

Banoffee-Cupcakes 111
»No-Bakewell«-Kirschtörtchen 112

D

Datteln *siehe* Medjool-Datteln

Donuts mit Salzkaramell 115

Donuts mit Zitronenglasur und Mohn 116

Donuts

Donuts mit Salzkaramell 115
Donuts mit Zitronenglasur und Mohn 116
Kürbis-Donuts »Latte macchiato« 119

Dunkle Schokolade

Brownies mit zweierlei Schokolade 105
Cremige Pistazientarte 27
Dunkle Schokolade mit Maca und Meersalz 125
Jaffa-No-Bakes 46
Salzkaramell-Schokoladen-Eis 74
Schoko-Kirsch-Eis 88
Schokoladentarte mit Earl Grey und Brombeer-Coulis 23
Schwarzwälder Kirschtorte 14

E

Eiscreme

Beschwipstes Tiramisu-Eis 84
Blaubeer-Zimt-Eis 91
Erdbeer-Käsekuchen-Eis 87
Himbeer-Vanille-Eis 77
Honeycomb-Toffee-Eis 81
Pistazieneis 83
Salzkaramell-Schokoladen-Eis 74
Schoko-Kirsch-Eis 88
Schokoladen-Karamell-Eis am Stiel 92
Vanilleeis mit Kamille 78
Vanilleeis-Riegel im Keksteig 95
Vanille-Karamell-Parfait mit salziger Karamellsauce 136

Erdbeeren

Cremige Pistazientarte 27
Erdbeer-Käsekuchen-Eis 87
Erdbeerkonfitüre mit Vanille 146
Erdbeertarte mit Vanille-Pannacotta 17
Fruchtige Mango-Käsetorte 70
Käsetorte »Turkish Delight« mit Rosenwasser 67
Weiße-Schokoladen-Blondies mit Erdbeeren 106

Erdnussbutter

Banoffee-Pie (Bananen-Karamell-Torte) 21
Erdnussbutterkekse 98
Käsetorte mit Erdnussbuttercreme und Himbeergelee 58
Snickerz-Schokoriegel 38

Erdnüsse

Käsetorte mit Erdnussbuttercreme und Himbeergelee 58
Snickerz-Schokoriegel 38

Erlesene Schokolade

Dunkle Schokolade mit Maca und Meersalz 125
Helle Schokolade mit Cashews und Lucuma 122

Weiße Schokolade mit Pistazien 129
Weiße Schokolade mit Vanille und Lucuma 126

F

Ferrawro-Trüffel 45

Festliche Anlässe

Crème brûlée mit Kardamom, Vanille und Clementinen 139
Pochierte Birnen mit Kamille, Vanille und Karamell 132
Tiramisu im Glas 135
Vanille-Karamell-Parfait mit salziger Karamellsauce 136

Fruchtige Mango-Käsetorte 70

H

Haferflocken

Apfeltarte mit Vanillecreme 18
Banoffee-Cupcakes 111
Banoffee-Pie (Bananen-Karamell-Torte) 21
Cremige Pistazientarte 27
Donuts mit Salzkaramell 115
Donuts mit Zitronenglasur und Mohn 116
Erdbeertarte mit Vanille-Pannacotta 17
Fruchtige Mango-Käsetorte 70
Jammy Wagon Wheels – Cremegefüllte »Wagenrad«-Kekse 42
Käsetorte »Turkish Delight« mit Rosenwasser 67
Käsetorte mit Erdnussbuttercreme und Himbeergelee 58
Kürbis-Donuts »Latte macchiato« 119
Latte-macchiato-Tarte mit Kürbisfüllung 28
Macadamia-Pistazien-Plätzchen mit weißer Schokolade 101
Mojito-Tarte 33
Vanilleeis-Riegel im Keksteig 95
Weiße-Schokoladen-Blondies mit Erdbeeren 106

Hafermehl

Allgemein 98
Erdnussbutterkekse 98
Schokoladen-Cookies 102

Hafermilch

Himbeer-Vanille-Eis 77
Salzkaramell-Schokoladen-Eis 74

Haselnüsse

Ferrawro-Trüffel 45
Honeycomb-Toffee-Eis 81
Nussnugatcreme »Notella« 142

Haselnussmilch, für Notella 142

Haushaltszucker

Honeycomb-Toffee-Eis 81
Zitronen-Baiser-Tarte 31

Helle Schokolade mit Cashews und Lucuma 122

Brownies mit zweierlei Schokolade 105
Ferrawro-Trüffel 45
Schokoladen-Karamell-Eis am Stiel 92
Snickerz-Schokoriegel 38
Tvvix-Riegel 41
Vanilleeis-Riegel im Keksteig 95

Himbeeren

Cremige Pistazientarte 27
Himbeer-Vanille-Eis 77
Jammy Wagon Wheels – Cremegefüllte »Wagenrad«-Kekse 42
Käsetorte mit Erdnussbuttercreme und Himbeergelee 58

Honeycomb-Toffee-Eis 81

J

Jaffa-No-Bakes 46

Jammy Wagon Wheels – Cremegefüllte »Wagenrad«-Kekse 42

Joghurt *siehe* Sojajoghurt

K

Kaffee (löslicher)

Beschwipstes Tiramisu-Eis 84
Kürbis-Donuts »Latte macchiato« 119
Latte-macchiato-Tarte mit Kürbisfüllung 28
Tiramisu im Glas 135

Kakaobutter

Dunkle Schokolade mit Maca und Meersalz 125
Helle Schokolade mit Cashews und Lucuma 122
Weiße Schokolade mit Pistazien 129
Weiße Schokolade mit Vanille und Lucuma 126

Kakaomasse

Dunkle Schokolade mit Maca und Meersalz 125
Helle Schokolade mit Cashews und Lucuma 122

Kakaopulver

Beschwipstes Tiramisu-Eis 84
Brownies mit zweierlei Schokolade 105
Cremiger Schokoaufstrich 150
Käsekuchen mit weißer Schokolade und Passionsfrüchten 55
Käsetorte »Turkish Delight« mit Rosenwasser 67
Schokoladen-Karamell-Eis am Stiel 92
Schokoladentarte mit Earl Grey und Brombeer-Coulis 23
Schwarzwälder Kirschtorte 14
Tiramisu im Glas 135

Kamillentee

Pochierte Birnen mit Kamille, Vanille und Karamell 132
Vanilleeis mit Kamille 78

Karamell

Banoffee-Pie (Bananen-Karamell-Torte) 21
Salziger Maca-Karamell 149

Käsekuchen & -torten

Fruchtige Mango-Käsetorte 70
Käsekuchen mit Blaubeer- und Zitronencreme 61
Käsekuchen mit weißer Schokolade und Passionsfrüchten 55
Käsetorte »Turkish Delight« mit Rosenwasser 67
Käsetorte mit Erdnussbuttercreme und Himbeergelee 58
Kirsch-Käsekuchen 52
Schoko-Keks-Käsekuchen 64

Käsetorte »Turkish Delight« mit Rosenwasser 67

Kirschen

»No-Bakewell«-Kirschtörtchen 112
Kirsch-Käsekuchen 52
Schoko-Kirsch-Eis 88
Schwarzwälder Kirschtorte 14

Klassiker aus dem Süßwarenregal

Ferrawro-Trüffel 45
Jaffa-No-Bakes 46
Jammy Wagon Wheels – Cremegefüllte »Wagenrad«-Kekse 42
Salzige Cashewbutter-Toffees mit Vanille 49
Snickerz-Schokoriegel 38
Tvvix-Riegel 41

Kokosbutter

Dunkle Schokolade mit Maca und Meersalz 125
Erdbeertarte mit Vanille-Pannacotta 17

Kokosmilch

Banoffee-Cupcakes 111
Banoffee-Pie (Bananen-Karamell-Torte) 21
Beschwipstes Tiramisu-Eis 84
Blaubeer-Zimt-Eis 91
Cremige Pistazientarte 27
Erdbeer-Käsekuchen-Eis 87
Erdbeertarte mit Vanille-Pannacotta 17
Fruchtige Mango-Käsetorte 70
Himbeer-Vanille-Eis 77
Honeycomb-Toffee-Eis 81
Jammy Wagon Wheels – Cremegefüllte »Wagenrad«-Kekse 42
Käsekuchen mit Blaubeer- und Zitronencreme 61
Käsetorte »Turkish Delight« mit Rosenwasser 67
Käsetorte mit Erdnussbuttercreme und Himbeergelee 58
Kirsch-Käsekuchen 52
Latte-macchiato-Tarte mit Kürbisfüllung 28
Mojito-Tarte 33
Pistazieneis 83
Pochierte Birnen mit Kamille, Vanille und Karamell 132
Salzkaramell-Schokoladen-Eis 74
Schoko-Keks-Käsekuchen 64
Schoko-Kirsch-Eis 88
Schokoladen-Karamell-Eis am Stiel 92
Schokoladentarte mit Earl Grey und Brombeer-Coulis 23
Schwarzwälder Kirschtorte 14
Tiramisu im Glas 135
Vanilleeis mit Kamille 78
Vanilleeis-Riegel im Keksteig 95
Vanille-Karamell-Parfait mit salziger Karamellsauce 136
Zitronen-Baiser-Tarte 31

Kokosnuss

Käsekuchen mit Blaubeer- und Zitronencreme 61
Mojito-Tarte 33
Zitronen-Baiser-Tarte 31

Kokoszucker

Allgemein 101
Apfeltarte mit Vanillecreme 18
Beschwipstes Tiramisu-Eis 84
Dunkle Schokolade mit Maca und Meersalz 125
Erdbeerkonfitüre mit Vanille 146
Fruchtige Mango-Käsetorte 70
Helle Schokolade mit Cashews und Lucuma 122
Käsetorte »Turkish Delight« mit Rosenwasser 67
Kürbis-Donuts »Latte macchiato« 119
Latte-macchiato-Tarte mit Kürbisfüllung 28
Macadamia-Pistazien-Plätzchen mit weißer Schokolade 101
»No-Bakewell«-Kirschtörtchen 112
Nussnugatcreme »Notella« 142
Pochierte Birnen mit Kamille, Vanille und Karamell 132
Schoko-Keks-Käsekuchen 64
Schokoladentarte mit Earl Grey und Brombeer-Coulis 23
Vanilleeis-Riegel im Keksteig 95

Konfitüren & Gelees

Erdbeerkonfitüre mit Vanille 146
Erdbeer-Rosen-Gelee 69
Erdbeertarte mit Vanille-Pannacotta 17
Himbeergelee 60
Passionsfruchtgelee 55

Kürbispüree

Kürbis-Donuts »Latte macchiato« 119
Latte-macchiato-Tarte mit Kürbisfüllung 28

L

Limetten & Limettensaft

Fruchtige Mango-Käsetorte 70
Mojito-Tarte 33

Lucuma-Pulver

Allgemein 122
Helle Schokolade mit Cashews und Lucuma 122
Vanilleeis-Riegel im Keksteig 95
Weiße Schokolade mit Vanille und Lucuma 126

M

Macadamia-Nüsse

Macadamia-Pistazien-Plätzchen mit weißer Schokolade 101

Maca-Pulver

Allgemein 41
Donuts mit Salzkaramell 115
Dunkle Schokolade mit Maca und Meersalz 125
Salziger Maca-Karamell 149
Schokoladen-Karamell-Eis am Stiel 92
Tvvix-Riegel 41
Vanille-Karamell-Parfait mit salziger Karamellsauce 136

Mandelbutter

Apfeltarte mit Vanillecreme 18
Brownies mit zweierlei Schokolade 105
Latte-macchiato-Tarte mit Kürbisfüllung 28
Tiramisu im Glas 135
Vanilleeis-Riegel im Keksteig 95
Weiße-Schokoladen-Blondies mit Erdbeeren 106

Mandelmehl

Banoffee-Cupcakes 111
Erdbeer-Käsekuchen-Eis 87
Jaffa-No-Bakes 46
Jammy Wagon Wheels – Cremegefüllte »Wagenrad«-Kekse 42
Käsekuchen mit weißer Schokolade und Passionsfrüchten 55
»No-Bakewell«-Kirschtörtchen 112
Schokoladen-Cookies 102
Schoko-Keks-Käsekuchen 64
Vanilleeis-Riegel im Keksteig 95
Weiße-Schokoladen-Blondies mit Erdbeeren 106

Mandelmilch

Erdnussbutterkekse 98
»No-Bakewell«-Kirschtörtchen 112
Vanilleeis-Riegel im Keksteig 95

Mandeln

Banoffee-Cupcakes 111
Jaffa-No-Bakes 46
Käsekuchen mit weißer Schokolade und Passionsfrüchten 55
Kirsch-Käsekuchen 52
»No-Bakewell«-Kirschtörtchen 112
Schokoladen-Cookies 102
Schoko-Keks-Käsekuchen 64
Tvvix-Riegel 41
Vanilleeis-Riegel im Keksteig 95
Weiße-Schokoladen-Blondies mit Erdbeeren 106

Mangos

Fruchtige Mango-Käsetorte 70

Mascarpone, für Tiramisu im Glas 135

Matcha-Pulver

Cremige Pistazientarte 27
Mojito-Tarte 33

Medjool-Datteln

Allgemein 38
Banoffee-Cupcakes 111
Banoffee-Pie (Bananen-Karamell-Torte) 21
Beschwipstes Tiramisu-Eis 84
Brownies mit zweierlei Schokolade 105
Cremige Pistazientarte 27
Donuts mit Salzkaramell 115
Jammy Wagon Wheels – Cremegefüllte »Wagenrad«-Kekse 42
Käsekuchen mit Blaubeer- und Zitronencreme 61
Käsekuchen mit weißer Schokolade und Passionsfrüchten 55
Kirsch-Käsekuchen 52
Kürbis-Donuts »Latte macchiato« 119
Mojito-Tarte 33
Schokoladentarte mit Earl Grey und Brombeer-Coulis 23
Schwarzwälder Kirschtorte 14
Snickerz-Schokoriegel 38
Tiramisu im Glas 135
Vanille-Karamell-Parfait mit salziger Karamellsauce 136
Zitronen-Baiser-Tarte 31

Mohnsamen

Donuts mit Zitronenglasur und Mohn 116

Mojito-Tarte 33

Must-Haves

Cremiger Schokoaufstrich 150
Erdbeerkonfitüre mit Vanille 146
Nussnugatcreme »Notella« 142
Salzige Cashewbutter mit Vanille 145
Salziger Maca-Karamell 149

N

»No-Bakewell«-Kirschtörtchen 112

Nussnugatcreme »Notella« 142

Ferrawro-Trüffel 45

O

Orangensaft

Jaffa-No-Bakes 46
Schokoladentarte mit Earl Grey und Brombeer-Coulis 23

P

Pannacotta

Erdbeertarte mit Vanille-Pannacotta 17

Passionsfrucht

Käsekuchen mit weißer Schokolade und Passionsfrüchten 55

Pekannüsse

Brownies mit zweierlei Schokolade 105
Latte-macchiato-Tarte mit Kürbisfüllung 28

Pistazien

Cremige Pistazientarte 27
Macadamia-Pistazien-Plätzchen mit weißer Schokolade 101
Pistazieneis 83
Weiße Schokolade mit Pistazien 129

Pochierte Birnen mit Kamille, Vanille und Karamell 132

Puderzucker

Weiße Schokolade mit Pistazien 129
Weiße Schokolade mit Vanille und Lucuma 126

pumpkin spice 119

Kürbis-Donuts »Latte macchiato« 119
Latte-macchiato-Tarte mit Kürbisfüllung 28

R

Reismilch

Snickerz-Schokoriegel 38

Rosenwasser

Käsetorte »Turkish Delight« mit Rosenwasser 67

Rum

Beschwipstes Tiramisu-Eis 84
Mojito-Tarte 33
Tiramisu im Glas 135

S

Salzige Cashewbutter mit Vanille 145

Pochierte Birnen mit Kamille, Vanille und Karamell 132
Salzige Cashewbutter-Toffees mit Vanille 49

Salziger Maca-Karamell 149

Banoffee-Cupcakes 111
Donuts mit Salzkaramell 115

Salzkaramell-Schokoladen-Eis 74

Saucen

Erdbeersauce 87
Himbeersauce 77
Kaffeesauce 135
Karamellsauce 74
Kirschsauce 14
Salzige Karamellsauce 136
Schokoladensauce 84

Schoko-Keks-Käsekuchen 64

Schoko-Kirsch-Eis 88

Schokoladenböden für Schwarzwälder Kirschtorte 14

Schokoladen-Karamell-Eis am Stiel 92

Schokoladentarte mit Earl Grey und Brombeer-Coulis 23

Schwarzwälder Kirschtorte 14

Snickerz-Schokoriegel 38

Sojajoghurt

Beschwipstes Tiramisu-Eis 84
Cremige Pistazientarte 27
Erdbeer-Käsekuchen-Eis 87
Fruchtige Mango-Käsetorte 70
Käsekuchen mit weißer Schokolade und Passionsfrüchten 55
Käsetorte »Turkish Delight« mit Rosenwasser 67
Käsetorte mit Erdnussbuttercreme und Himbeergelee 58
Schoko-Keks-Käsekuchen 64
Vanille-Karamell-Parfait mit salziger Karamellsauce 136

Sojamilch

Apfeltarte mit Vanillecreme 18
Banoffee-Pie (Bananen-Karamell-Torte) 21
Käsekuchen mit Blaubeer- und Zitronencreme 61
Macadamia-Pistazien-Plätzchen mit weißer Schokolade 101
Schoko-Keks-Käsekuchen 64

T

Tahin

Macadamia-Pistazien-Plätzchen mit weißer Schokolade 101
Twix-Riegel 41

Tartes und Pies

Apfeltarte mit Vanillecreme 18
Banoffee-Pie (Bananen-Karamell-Torte) 21
Cremige Pistazientarte 27
Erdbeertarte mit Vanille-Pannacotta 17
Latte-macchiato-Tarte mit Kürbisfüllung 28
Mojito-Tarte 33
Schokoladentarte mit Earl Grey und Brombeer-Coulis 23
Zitronen-Baiser-Tarte 31

Tee

Pochierte Birnen mit Kamille, Vanille und Karamell 132
Vanilleeis mit Kamille 78

Tiramisu

Beschwipstes Tiramisu-Eis 84
Tiramisu im Glas 135

Tiramisu im Glas 135

Tofu

Tiramisu im Glas 135

Twix-Riegel 41

V

Vanilleeis mit Kamille 78

Vanilleeis-Riegel im Keksteig 95

Vanille-Karamell-Parfait mit salziger Karamellsauce 136

Vanillepaste

Blaubeer-Zimt-Eis 91
Brownies mit zweierlei Schokolade 105
Himbeer-Vanille-Eis 77
Jammy Wagon Wheels – Cremegefüllte »Wagenrad«-Kekse 42
Käsekuchen mit Blaubeer- und Zitronencreme 61
Käsekuchen mit weißer Schokolade und Passionsfrüchten 55
Käsetorte »Turkish Delight« mit Rosenwasser 67
Käsetorte mit Erdnussbuttercreme und Himbeergelee 58
Macadamia-Pistazien-Plätzchen mit weißer Schokolade 101
Nussnugatcreme »Notella« 142
Salzige Cashewbutter-Toffees mit Vanille 49
Schoko-Keks-Käsekuchen 64
Vanilleeis-Riegel im Keksteig 95
Weiße Schokolade mit Pistazien 129

Vanilleschote

Crème brûlée mit Kardamom, Vanille und Clementinen 139
Erdbeerkonfitüre mit Vanille 146
Erdbeertarte mit Vanille-Pannacotta 17
Pochierte Birnen mit Kamille, Vanille und Karamell 132
Salzige Cashewbutter mit Vanille 145
Tiramisu im Glas 135
Vanilleeis mit Kamille 78
Vanille-Karamell-Parfait mit salziger Karamellsauce 136
Weiße Schokolade mit Vanille und Lucuma 126

W

Walnüsse

Banoffee-Cupcakes 111
Brownies mit zweierlei Schokolade 105
Schokoladentarte mit Earl Grey und Brombeer-Coulis 23
Schwarzwälder Kirschtorte 14
Tiramisu im Glas 135

Weiße Schokolade mit Vanille und Lucuma 126

Brownies mit zweierlei Schokolade 105
Käsekuchen mit weißer Schokolade und Passionsfrüchten 55
Macadamia-Pistazien-Plätzchen mit weißer Schokolade 101
Weiße Schokolade mit Pistazien 129
Weiße-Schokoladen-Blondies mit Erdbeeren 106

Weiße-Schokoladen-Blondies mit Erdbeeren 106

Weizengras

Cremige Pistazientarte 27
Mojito-Tarte 33

Weizengraspulver

Pistazieneis 83

Z

Zitronen & Zitronensaft

Apfeltarte mit Vanillecreme 18
Donuts mit Zitronenglasur und Mohn 116
Erdbeer-Käsekuchen-Eis 87
Erdbeerkonfitüre mit Vanille 146
Käsekuchen mit Blaubeer- und Zitronencreme 61
Käsetorte »Turkish Delight« mit Rosenwasser 67
Käsetorte mit Erdnussbuttercreme und Himbeergelee 58
»No-Bakewell«-Kirschtörtchen 112
Tiramisu im Glas 135
Zitronen-Baiser-Tarte 31

Zitronen-Baiser-Tarte 31